河南财经政法大学博士学位授权单位建设项目

经济管理学术文库·管理类

高科技企业
R&D资金管控机制研究

Research on Control Mechanism of
High-tech Firms' R&D Funds

冯延超／著

经济管理出版社
ECONOMY & MANAGEMENT PUBLISHING HOUSE

图书在版编目（CIP）数据

高科技企业 R&D 资金管控机制研究/冯延超著 . —北京：经济管理出版社，2016.10
ISBN 978 - 7 - 5096 - 4515 - 4

Ⅰ.①高…　Ⅱ.①冯…　Ⅲ.①高技术产业—技术开发—资金管理—研究　Ⅳ.①F276.44

中国版本图书馆 CIP 数据核字 (2016) 第 168938 号

组稿编辑：曹　靖
责任编辑：杨国强　张瑞军
责任印制：司东翔
责任校对：张　青

出版发行：经济管理出版社
　　　　　（北京市海淀区北蜂窝 8 号中雅大厦 A 座 11 层　100038）
网　　　址：www. E - mp. com. cn
电　　　话：(010) 51915602
印　　　刷：北京九州迅驰传媒文化有限公司
经　　　销：新华书店
开　　　本：720mm×1000mm/16
印　　　张：11. 25
字　　　数：214 千字
版　　　次：2016 年 10 月第 1 版　2016 年 10 月第 1 次印刷
书　　　号：ISBN 978 - 7 - 5096 - 4515 - 4
定　　　价：58. 00 元

前　言

　　科技创新是经济增长与社会发展的重要源泉，高科技企业的研究开发活动是创新的基础，是构建企业核心竞争力的主要途径，也是经济新常态下经济增长的重要新动力。近年来，中国政府出台了一系列促进科技研发的财政、税收和金融政策，高科技企业数量和研究开发规模越来越大。尽管中国的研发投入越来越大，但无论是研发投入强度，还是知名科技企业塑造，中国与美日等先进研发型国家尚存在一定差距。有相当一部分高科技企业进行的研发活动并未给企业带来实实在在的经济利益。通过实地调研和分析，发现由于研发活动具有创新性、风险性和复杂性的特点，对其进行管理和控制是难点，国内许多高科技企业把研发活动作为一块特区对待，缺乏有效的管控系统或流于形式，导致研发投入失控，资源浪费严重，经济效益低下。

　　国外的经验表明，研发项目流程管理对项目成功具有重要的保障作用。研发管控的核心是对研发资金进行管控，对研发过程中的资金运动流程也需要进行一系列的管理控制活动，以提升企业的研发绩效。本书基于研发生命周期和价值链的视角，在调查现状的基础上，对研发活动的资金管理控制进行全面的分析研究，研发资金管控机制的实施是围绕研发资金的筹集、预算到业绩评价的动态管理机制。本书基于研发生命周期和价值链的视角，分析目前高科技企业研发资金管控薄弱的深层原因，探讨围绕研发资金的筹集、资金分配、预算控制到业绩评价的动态研发资金管理控制机制。

　　完整的研发资金管理控制体系包括：①构建研发资金融资管控制度，不同生命周期、不同研发类型、不同的研发阶段选择合适的融资策略。②构建研发预算信息平台，将价值链思想引入研发预算，构建时间与空间结合的战略导向，以价值增值为驱动，以价值链分析为起点，以研发价值活动的识别和优化为核心，以信息技术为支撑的动态预算控制体系。③已完成研发项目的资源消耗信息对新的研发项目具有经验启示作用，运用案例推理技术，寻求研发资金预算的信息依据。④有多个研发项目可以选择时，使用基于 AHP – FUZZY 评价的 R&D 项目资金分配方法，兼顾企业战略、平衡和企业价值最大化的整体目标，保证有限研发资源的合理分配。⑤将研发过程中的重大事件或项目进程中的重要标志作为研发进程的门径，对研发预算实行分阶段的管理。以资本预算的形式决定研发项目的投资决策和门径行/止决策；以资金控制预算的形式，根据每道门径前后所掌握的信息，评审上一阶段的资金投入情况，并编制下一阶段的预算，直至最后门径。⑥构建包括财务绩效、技术绩效、价值绩效和社会绩效四个方面综合评价的研发绩效评价体系，利用层次分析及模糊评价相结合的方法对研发主体的研发绩效进行综合评价。⑦健全研发费用会计核算和管理制度，完善研发项目管理，企业财务部门和研发部门、政府有关机构及时沟通，尽量降低会计核算及税务处理的主要风险。这不仅可以为研发项目的资金投入预算提供基础信息，也是执行预算管控、监督资金使用的重要手段，更是合理利用研发费用所得税前加计扣除税收优惠政策，降低企业研发成本的有效方法。

研发资金管控机制是否有利于企业的融资和绩效的提高，需要进行实证检验。本书以深、沪证券交易所上市的高科技企业为样本，检验结果表明，高科技企业如果构建了良好的研发资金管理控制机制，则其控制研发和经营风险的能力强，坚定了外部投资者对其研发成功的信心，有助于企业从金融机构、供应商等债权人那里获得成本较低的债务融资。并且，由于研发管控体系的建立，保证了研发资金合理的分配和使用，及时中止净现值为负的研发项目，为企业带来了良好的技术效益、经济效益和社会效益等，从而促进了高科技企业研发综合绩效的提升。

目　录

第一章 绪论

第一节 研究背景

20世纪90年代以来，科学技术迅猛发展，人类步入了一个前所未有的研发密集型时代，科技进步与经济发展结合日益紧密，科学技术成为了世界经济和社会发展的主要驱动力。世界各主要发达国家纷纷加大了对研发的投入，把科技研发作为国家重大战略。目前，世界上86%的研究开发投入都掌握在发达国家手里，美国把保持在科学前沿的全球领先地位作为国家战略目标，英国政府提出把研发作为提高生产效率和加快经济增长的核心，日本也提出了科技研发立国和知识产权立国的国家战略。欧盟更是提出将研究开发费用占GDP的比重提高到3%以上，一场科技投入竞赛正在各国间展开（胥和平，2006）。

改革开放以来，我国经济的高速增长采用的是依靠高投资率的粗放型增长模式，承受了重污染、高资源消耗的巨大代价。研发是一个国家和民族进步的灵魂，坚持研发是经济增长持续不断的源泉和动力，强调研发是国家面对知识经济全球化下可持续发展挑战的重要战略部署。2006年召开的全国科技大会上，党中央、国务院又做出建设研发型国家的决策，颁布了《国家中长期科学和技术发展规划纲要（2006~2020年）》。胡锦涛同志在全国科技研发大会上讲话强调，今后我国要大力实施科教兴国战略和人才强国战略，坚持研发、重点跨越、支撑发展、引领未来的指导方针，全面落实国家中长期科学和技术发展规划纲要，以提高研发能力为核心，以促进科技与经济社会发展紧密结合为重点，进一步深化科技体制改革，着力解决制约科技研发的突出问题，充分发挥科技在转变经济发展方式和调整经济结构中的支撑引领作用，加快建设国家研发体系，为全面建成小康社会进而建设世界科技强国奠定坚实基础。近年来，我国中央和地方各级政府不断加大科技投入力度，大力发展高新技术，不断加快科技产业化的步伐，对研发的活动进行鼓励和支持力度不断增强。

企业是研发活动的主体，通过企业持续的研究与开发（Research and Development，R&D）活动达到研发的目的，知识经济条件下研究与开发活动是构建企业核心竞争力的主要途径。近年来，随着高新技术企业对 R&D 认识的提高，相继加大了对 R&D 的投入，在近几年的全国 R&D 经费总支出中，企业均占了60% 以上的比重。高科技企业是一个国家综合实力的体现，也是经济新常态下经济增长的新动力。近年来，中国政府出台了一系列促进科技研发的财政、税收和金融政策，高科技企业数量和研究开发活动的投入不断增长，2013 年全国有高科技企业 54683 家，投入的研发费用高达 8814 亿元。2014 年，中国企业支出的研发经费达 10060.6 亿元，比 2013 年增长 10.9%。历年来研发经费总投入、企业投入的研发经费以及研发经费占 GDP 的比重如表 1 - 1、图 1 - 1和图 1 - 2 所示。

表 1 - 1　2006 ~ 2015 年全国研发经费情况

年份	研发经费 总投入（亿元）	企业投入的研发 经费（亿元）	研发经费占 GDP 之比（%）
2006	3003. 1	2134. 5	1. 42
2007	3710. 2	2681. 9	1. 49
2008	4616	3381. 7	1. 54
2009	5802. 1	4246. 9	1. 70
2010	7062. 6	5185. 5	1. 76
2011	8687	6579. 3	1. 84
2012	10298. 4	7844. 3	1. 98
2013	11846. 6	9075. 8	2. 01
2014	13015. 6	10060. 6	2. 05
2015	14000	11000	2. 10

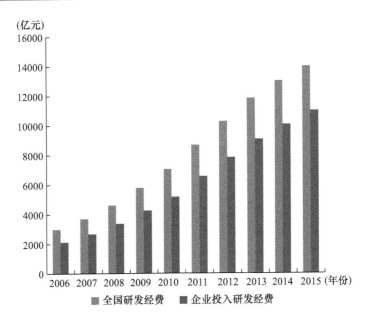

图 1 - 1　全国研发经费及企业投入的研发经费

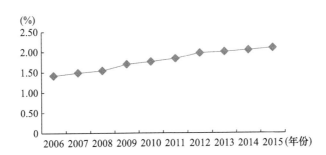

图 1 - 2　2006 ~ 2015 年研发强度（研发投入占 GDP 的比重）

第二节　研究问题的提出

　　尽管中国的研发投入越来越大，但无论是研发投入强度，还是知名科技企业塑造，中国与美日等先进研发型国家尚存在一定差距。与企业研发支出快速增长相比，许多国内企业的研发绩效并不高，企业的研究开发投入与产出比严重不对等。中南大学课题组 2007 年对国内 230 家开展了研究开发活动的企业进行的相关问卷调查，有相当一部分企业进行的研究开发活动并没有给企业带来实实在在的经济利益，或者从经济效益的角度说，研究开发活动并没有取得成功。一些企业虽然 R&D 投入较大，但并未形成必然的高回报，有许多企业是"项目成功，效益失败"。

由于研发活动具有创新性、风险性和复杂性的特点，对研究开发投资进行管理和控制是个难点，国内许多企业把研发活动作为一块特区对待，缺乏有效的管控机制或流于形式。国外对研究开发活动管理控制系统的内容特征、管理控制系统的构建、对产品研发及绩效的影响，都进行了广泛的理论探索和实务研究。研发水平高的国家或地区往往对研发活动的管理控制水平也相对较高，企业对研发活动的管控水平是影响研发绩效高低的一个重要原因。

研发活动是企业生产经营的价值创造活动，研发管理控制系统的核心是资金管控。虽然国内不少企业有较高的 R&D 投入，但很多企业并不重视对研发活动的资金管理，在研发项目实施过程中缺乏监控，在研发实施过程中缺乏任何实质性的阶段性管理，导致 R&D 投入失控，研发项目随意上马实施，研发周期随意延长，资金管理松懈，没有规范的资金管理制度。有的企业在 R&D 管理上采取一种非正常的管理方式，即将 R&D 过程看成一个"黑箱"，对"黑箱"内部运作状况不关心，也不做任何检查和控制。即使在一些管理较为规范的高科技企业，其财务管理工作的重点也是放在新产品进入生产环节以后的阶段，研发阶段被置于企业财务管理的中心之外。对研发资金缺乏有效的管理和控制，不仅使高新技术企业 R&D 绩效低，并导致对企业今后研发活动的投入产生严重不良的影响。那么该如何对高科技企业的研究开发的资金进行有效的管理控制，并且有效的管控机制是如何影响研发绩效的呢？

第三节 研究意义

随着我国高科技企业的飞速发展和 R&D 资金投入规模的高速增长，对 R&D 活动投入的资金进行系统、规范的管理和控制并评价管控系统的绩效后果是高科技企业进行现代化财务管理不容回避的现实问题。与高科技企业和研发投入快速发展不相适应的是，高科技企业对研发资金进行管理控制的理论和方法均大为滞后。因此，研究高科技企业的研发资金管理的理论体系和策略，在理论和方法上寻求创新，以适应高科技企业的可持续快速发展具有重大的理论和现实意义。

一、理论意义

（1）为高科技企业 R&D 资金管理提供理论指导。高科技企业 R&D 资金管理不同于一般企业或一般项目的资金管理，它要求资金管控与其 R&D 过程高度融合、适度柔性化，需要有一套完备的理论体系进行指导。因此，研究高科技企业 R&D 资金管理，建立完备的 R&D 资金管理理论与方法体系，解释和阐明 R&D 资金管理中从概念构思到实施运行过程中的一系列问题及应采取的策略，指导和帮助我国高科技企业对 R&D 资金管理进行科学、规范的管理，显得非常必要。

（2）缩小中国高科技企业与西方发达国家企业在 R&D 管理控制研究领域的差距。文献资料表明，国外对研究开发活动管理控制系统的内容特征、管理控制系统的构建、对产品研发及绩效的影响，都进行了广泛的理论探索和实务研究。开展本课题的研究，对于缩小中国与西方发达国家在企业 R&D 资金管理控制理论与方法研究领域的差距，完善我国企业 R&D 资金管理控制机制，推动我国高科技企业研发管控系统理论的发展，具有重要的理论意义。

（3）高科技企业 R&D 活动对管控系统的强烈需求。随着中国政府不断加大对高科技企业的扶持力度，高新技术企业已经基本形成了"生产一代、设计一代、研制一代、构思一代"的新产品的 R&D 机制，强烈需求与 R&D 活动相适应的系统、规范的资金管理控制理论和方法体系。因此，对高新技术企业 R&D 资金管控系统进行深层次的研究，是企业 R&D 实践过程中急需解决的问题，更是高新技术企业可持续发展的需要。

二、实践意义

目前，有不少中国企业并不重视研发，谈论最多的是"互联网＋营销"，互联网思维甚嚣尘上，他们认为研发投入巨大是个无底洞，不能进行有效的资金管理控制，投资回收期限长，取得效益的风险具有高度不确定性。但是无数取得成功的高科技企业案例表明，持续的研发投入并构建有效的研发活动管控机制是关键。如华为过去 10 年间在研发上共计投入 2400 亿元，让华为在 ICT 人工智能、未来数据中心、5G 技术、电池极速充电技术等众多领域成为行业的领跑者。可见对高新技术企业 R&D 资金管控机制进行系统研究，有助于财务资源的优化配置，提高 R&D 的成功率，延长企业生命周期，这是本课题研究的应用价值所在，具体表现在：

（1）优化企业研发资源配置，提高 R&D 的成功率。对研发资金进行管控，兼有价值管理和行为管理二重属性，在有限的研发资源条件下，按照科学的方法实现研发资源的合理配置和使用，规范、系统的 R&D 资金管控体系，可以提高

R&D 的成功率，促进研发绩效的提高。

（2）促进高科技企业管理水平的提高。R&D 过程是一个将 R&D 投入经过系统研究开发后转变为产出的过程，也是一个系统化的复杂过程。这既是高科技企业之间、企业内部各部门之间协作的过程，也是企业对自身资金、人力、资产、技术进行管理和控制的过程，企业的整体管理水平在 R&D 过程的价值管理中能得到有效的提高。如何对 R&D 过程中的资金实施合理的管理控制？对此问题的研究对于改变企业技术研发绩效低下的现状，提升企业核心竞争力有着重要的意义。

（3）降低高科技企业的财务风险。高科技企业的 R&D 活动具有高投入、高风险、高不确定性的特点，一旦 R&D 项目的资金投入失控，或投资项目失败不能给企业带来预期的现金流量，就会导致企业财务风险的爆发。因此有必要系统研究 R&D 过程中资金的来源、资金分配，资金运用控制等，建立 R&D 资金管理和控制机制，保证 R&D 项目的收益性，有效降低企业的财务风险。

第四节　研究内容、研究方法和结构安排

一、研究内容

本书以管理控制理论、价值链理论、预算理论、期权价值理论等为基础，通过分析高科技企业及其特点，剖析高科技企业研发活动的价值链关系，阐述了从研发融资到研发资金的资本预算控制、经营预算控制、会计核算与税务处理规范，再至研发绩效评价体系构建等一系列研发资金管理与控制思路和方法，最后以实证数据验证研发管控系统的建立与研发后果之间的关系。本书具体研究了以下几方面的内容：

（1）研发资金的融资管理。

（2）基于价值链的研发资金预算控制。

（3）研发资金的资本预算控制。

（4）研发资金的经营预算控制。

（5）研发资金的会计核算及税务处理规范。

（6）研发绩效评价体系的构建。

（7）研发资金的管理机制与研发绩效的实证研究。

二、研究方法

本书遵循了从抽象到具体、从理论到实践的技术路线，运用价值链理论、生命周期理论、控制论理论等经济学和工程学理论，综合财务学、管理学、工程学的基本知识，使用了问卷调查和深度访谈法、定性分析与定量分析相结合的方法、规范分析与实证分析结合的方法、系统分析法及多学科结合的研究方法，对构建高科技企业的研发资金管控体系时的融资管理、项目投资决策、预算管控机制、会计税务处理，以及绩效评价机制进行系统论述。

（1）理论研究阶段，主要使用文献分析法、系统分析法等定性地研究了高科技企业 R&D 资金管理的运行机理和特征等。通过查阅、梳理历史文献及相关书籍著作资料，对研发资金管控的相关知识进行总结、归纳，分析研究的方法。在进行本书的写作之前和写作过程中，不断采阅大量国内外文献、进行总结梳理，充实本书的理论基础，形成了本书的理论框架和逻辑思路。本书将高科技企业研发资金管理控制作为一个大系统，然后通过抽丝剥茧，逐渐深入系统内部各个组成部分及其相互关系进行研究，从研发资金的来源、投入决策、预算管理体系到其运行流程中的各个阶段，最后到绩效评价和实证研究，一直贯穿着整个系统分析方法。

（2）在数据获取及加工阶段，以向高科技企业发放问卷调查的方式，获取研发资金控制的相关资料，并选择几家有代表性的企业进行深度访谈，对调查和访谈结果进行总结归纳和分析。从 Wind、国泰安等数据库获取 2006～2009 年在深圳、上海证券交易所上市的高科技企业微观层面的财务特征、研发数据、内部控制等数据。从中国证监会网站披露的上市公司年度报告中收集企业披露的有关研发信息。

（3）在实证和案例分析阶段，采用模糊评价法、层次分析法、主成分分析法等数学方法构建变量度量模型，使用计量经济学实证模型，进行参数检验、非参数检验、多元线性回归、逻辑回归、最大似然估计等方法验证研发资金管控的各项假设。本书所运用的分析软件有 Excel、Eviews5.0、SPSS13.0 等软件。

三、结构安排

根据上述分析，本书研究的结构如图 1-3 所示。首先理论研究部分将回顾已有文献，运用管理学理论和数学模型，阐述和分析高科技企业研发资金管理的现状、存在的问题根源、对研发资金的来源、资本决策、预算控制方式、会计和税务处理等。然后构建研发资金管理绩效的评价体系，进行理论分析和实证检验，讨论研发资金管控机制对研发绩效的影响。最后对研究进行总结和展望。据此，本书的内容共分十章。

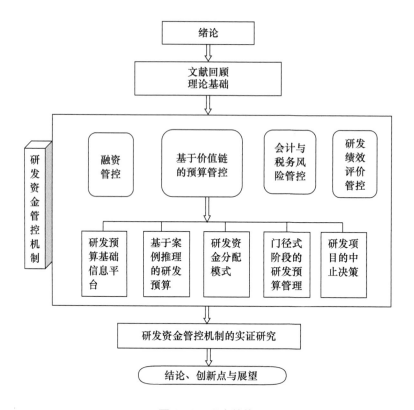

图 1-3　研究结构

第一章为绪论部分，阐述本书研究的背景和意义、研究问题、研究内容和论文框架，并界定了本书的主要概念和研究范围，总结了本书的研发点。

第二章为文献综述部分，按国外研究和国内研究两条主线展开，综述国内外对研发资金管理控制问题的已有研究成果，并对其进行总结评述，分析现有研究的不足从而引出本书的研究重点。

第三章为理论基础部分，主要分析高科技企业以及研发活动的特点，研发活动的价值链特征、资金管理控制理论、期权价值理论等。

第四章为高科技企业 R&D 资金管控现状的调查分析，主要根据中南大学课题组对高科技企业发放调查问题的分析，阐述高科技企业在研发资金融资、预算管理控制和研发绩效评价方面的现状及存在的问题。

第五章为高科技企业研发资金融资管理，主要分析高科技企业研发资金融资的特点，并据此提出构建研发资金融资管理制度，应按分周期、分阶段、分研发项目类型选择合适的融资策略和融资方式。

第六章为基于价值链的 R&D 资金预算管控，为本书的重点和中心，提出了基于价值链的研发预算管控模式，详细探讨了从研发基础预算平台的构建，使用案例推理的方法积累研发预算信息开始，到使用 AHP – FUUZY 模型进行研发项目的资金分配，再将研发过程中的重大事件或项目进程中的重要标志作为研发进程的门径，对研发预算实行分阶段管理，以资本预算的形式决定研发项目的投资决策和门径行/止决策，行止决策时使用期权价值评估和最佳中止比例模型；以资金控制预算的形式，根据每道门径前后所掌握的信息，评审上一阶段的资金投入情况，并编制下一阶段的预算，直至最后门径。

第七章为研发资金的会计核算与税务风险管控，主要介绍目前高科技企业在研发费用会计核算和税务处理上存在的问题，以及解决措施。

第八章为研发资金使用绩效评价管控，主要讨论了目前研发绩效评价的不足，构建了从财务绩效、技术绩效、价值绩效和社会绩效四个方面综合评价的绩效评价体系和方法。

第九章为实证研究，使用深圳、上海交易所上市的高科技企业的数据，实证检验了高科技企业研发资金管控水平对企业融资和研发绩效的后果。

第十章为结论和展望，对全书的结论进行总结，并分析了创新点、不足和未来的展望。

第二章 文献综述

　　研究与开发管理思想的萌芽可以追溯至三百多年前英国著名的唯物主义哲学家和科学家 Francis Bacon，他在《New Atlantis》一书中构建了理想的乌托邦社会，这个理想的国家名叫 Bensalem。作者 Francis Bacon 以丰富的科学想象力对科研设施机构和研究管理做了大胆的设想及预测。书中 Bensalem 国设立的所罗门大厦实质上是情报以及现代意义上的研究开发机构，所罗门大厦包括 20 多个分宫的层次体系，其职责是研究、调查和试验，不同的职能分别由不同的工作人员、调查人员和服务人员承担。从现代眼光看，Bacon 对所罗门大厦的设想就是对 R&D 实验室组织规划的雏形。

　　R&D 活动就其本质而言是一种研发活动，现代研发管理起源于创新研究。约瑟夫·熊彼特（Josehp Schumpeter）于 1934 年在《经济发展理论》一书中，首次提出了广义范畴的"研发"概念，他认为研发是指新的过程、新的产品、新的原材料供应来源、新的市场以及新的组织结构。20 世纪 80 年代后，随着众多学者的不断研究与理论积累，研发学初步成两个研究学派。以 Freeman、Clark、Soete、David 等为代表的新熊彼特学派，主张以经济学为导向，分析国家之间、行业之间不同的研发模式、技术发展演化和同行业企业研发特征和能力的不同，侧重研究研发在经济发展过程中的核心作用。以 Dosi、Nelson、Winter、Urabe 等为代表的后熊彼特学派，亦称演化学派，则认为应该从严格的经济学视角研究研发行为，主张以组织研究为导向，采用广泛的交叉学科研究方法，譬如商业认知心理学和组织学等，集中于企业微观层面，研究如何开发具体产品，侧重个体创造产品的过程。

第一节　研发管理的有关研究

　　R&D 管理研究是技术研发专门化研究的必然结果。R&D 管理研究起始于新产品管理。1967 年，美国的布兹（Booz）、汉密尔顿（Hamilton）在《新产品管理》一书中首次较完整地提出了产品寿命周期理论。美国密歇根大学教授 C. Merle Craw（1983）详细研究了新产品从构思到商业化的整个过程，强调合理的战略与严密的评价程序是 R&D 的可靠保证。

1991 年，Roussel、Saad 和 Erickson 三人经过研究，将研发管理的演进历程分为四个时代，即第一代研发、第二代研发、第三代研发和第四代研发。1999 年，William L. Miller、Langdon Morris 在其著作《4th Generation R&D：Managing knowledge，Technology，and Innovation》中讲述了四代研发的基本特征。第一代研发的特征是从现有知识到新知识的跳跃；第二代研发则将重点放在新知识的使用性；第三代研发以连续革新为特征；第四代研发的最显著特征是新知识的合成和融合以及持续革新。

在第三代研发管理或第四代研发管理的企业里，研发活动已经由一项支持活动变成与其他功能并存的活动，可以直接创造利润。一个战略式的研发管理要包含八个模块：战略管理、组织管理、人力资源管理、流程管理、研发项目管理、研发知识产权管理、研发技术平台管理和研发信息管理。对于流程在研发项目中的作用，最早可以追溯到美国宇航局（NASA）20 世纪 60 年代提出的阶段性审核流程，即第一代门径式流程。之后的 1972 年，Rothwell 展开了对 SAPPH0 项目的理论研究。他发现 41 个在统计意义上对研发项目成功有显著作用的因素，其中之一就是流程图。同样，在随后进行的斯坦福研发研究项目中，Maidique 和 Zirger 找到了 8 个新产品成功的条件，其中之一也是"良好的流程计划和执行"。

研究者从管理（Roussel et al.，1991）和组织（Twiss，1987）等角度探讨研发控制模式问题时，总是试图把研发视为"黑匣子"。也就是说，研发是有助于发展新技术和新产品的企业活动集合而成的函数。他们致力于识别并找出研发函数的管理和组织模式，并将它们与企业其他组织整合起来。但是越来越多的研究者强调 R&D 活动的管理控制不应该是单一模式的，其首要原因是各种 R&D 团队所要完成项目的内容和重心是不一样的，针对不同特质的 R&D 活动其控制方式、方法在各个方面的表现应该存在差异。

管理控制系统的主要目标是管理者监督组织中其他成员落实组织战略的过程。1990 年后，控制研究进入了一个新阶段，Wheelwright 依据组织理论提出了三种 R&D 控制模式：①专业控制，R&D 活动集中在 R&D 专业团队中进行，R&D 的效率和效能由专家控制，R&D 专业团队是随机费用中心；②分层控制，R&D 活动分散到各业务分支部门，企业高层通过财务控制各业务分支部门，主要适合于应用研究，而基础研究主要是通过技术外包的方式完成；③市场控制，通过客户—供应商机制，R&D 团队作为半利润中心从业务部门申请项目，主要采用财务控制的形式。Whitley（1999）提出了高技术企业 R&D 控制模式的四分法，他将 R&D 控制模式分为科层控制（Bureaucratic）、结果控制（Output）、授权控制（Delegated）、家长控制（Patriarchal）。并且从控制模式的正式化程度（Formalization）、被控对象行为被严格描述和控制程度、被控对象参与目标设定与实施以及绩效平价的程度、反馈和控制机制的范围与及时性等角度对四种控制模式进行了比较分析。Marginson（1999）提出了在 R&D 管理控制中要超越财务控制系统，为此他提出一种双层管控过程，并从管理控制系统、控制论、组织行为、权变管理等理论视角进行了深入分析，最后得出结论：职责配置和预算控制系统都是引导 R&D 活动指向特定目标的工具。

张原康和韩经纶（2004）从绩效管理的角度探讨了研发团队控制与一般部门管理控制的差异。黄训江和侯光明（2004）在对传统研发组织管理模式进行对比研究分析的基础上，提出了三种研发组织管理模式：并行研发组织管理模式、虚拟研发组织管理模式、分形研发组织管理模式。元利兴等（2003）进一步从组织模式角度出发探讨了跨国公司的 R&D 控制模式，归纳总结了四种模式：母国集权型、全球集权型、多国分权型、核心模式，并且从研发的规模经济和专业化效率、协调时间和成本、研发组织内部及内/外部的信息交流与共享等方面进行了各种 R&D 控制模式的优劣势比较。

研发活动是一个贯穿项目论证到最后成果转化的系统流程体系，许多国外学者提出了需要从研发活动全流程的角度进行管理控制的观点。Rockness 和 Shields（1984）认为，新产品开发管理控制系统（MCS）类型包括投入控制、行为控制、结果控制。Bisbe 和 Otley（2004）通过 120 家西班牙制造业公司的调查，包括有预算体系、平衡计分卡以及项目管理系统的正式 MCS 对企业研发和长期业绩的影响起积极作用。Adler 和 Borys（1996）提出，为了同时推动效率和弹性，需建立能动的管理控制系统，不仅需要正式的规则、程序进行控制，也需要组织员工能够以一种能动的方式对待这些正式控制程序，以使员工更有效地处理工作流程中不可避免的例外情况。周琳（2014）调查发现，许继集团通过构建实施新产品开发管理控制系统，提高了产品的研发效果。

第二节　研发资金管理与控制的相关研究

过去研究 R&D 活动中的管理与控制问题主要有两种路线。一是研究如何在 R&D 部门有效运用财务控制（Browell，1985；Rockness & Shields，1988），得出的比较一致的结论是：财务控制在 R&D 部门并不是很重要，组织对 R&D 活动的承诺更为重要。二是研究如何在 R&D 部门引入更多的广泛的控制系统或控制工具，不仅是财务的，更多的是非财务控制系统（Rockness & Shields, 1984; Abernethy & Browell, 1997）。但事实上，目前困扰高科技企业的核心问题是缺乏对研发项目资金的财务管理控制，导致研发的经济效益失败。R&D 管理具有行为管理和价值管理双重特征，R&D 行为管理是通过组织、控制与协调研发人员的行为，使 R&D 项目达到预期的技术目标，获得研究与开发成果；R&D 价值管理是从经济效益角度合理控制 R&D 的投入和产出，使其经济绩效达到最优。研发项目不但要进行组织形式、流程、行为、人力资源管理控制，更将研发视为一种价值创造活动，实施价值管理。

在 R&D 价值管理方面，美国的查皮研究小组最早对 R&D 活动经费的分布进行调查和研究，其研究意义在于它揭示了一个重要的问题，即在计划 R&D 的投资时，必须将 R&D 活动后期的经费纳入投资计划，这样才能保证技术研发最后成功地到达市场。研发价值管理的总目标是确保企业研发战略的成功实施，最终实现企业价值最大化或股东财富最大化，因此作为研发价值管理核心内容的研发资金管理控制的目标应和研发管理的总目标一致，即在保证研发战略目标实现的基础上追求企业价值的增值，这是高科技企业开展一切研发资金管控机制的基础和归宿。在总目标的前提下，可以将研发资金管控机制分解为研发资金的筹集管理，在研发资源有限的条件下进行研发资金的配置决策，研发项目过程中的预算控制以及研发绩效的评价体系构建等内容。

一、研发资金筹集管理的研究

企业进行研究开发首先要解决研发资金的筹集问题，研发融资的筹资渠道因为研发活动的高度不确定性与一般项目融资有所不同，具有其特殊性。

（一）国外的研究

国外由于具有较为完善的资本市场，对有关 R&D 项目融资问题的研究的专题文献较少，主要从以下角度探讨：

Gordon Donadson、Lakshmishyam – Sanderl 及 Stewart C. Myers（1994）系统地研究了企业研发融资过程中有优先次序，即优先考虑内部融资的投资机会、单纯债务、优先股股票、发行各种混合证券及单纯权益证券。Huang 和 Xu（1998）采用多阶段博弈的方法，在会计软预算约束的框架内研究 R&D 项目的融资问题，研究结果表明，如果 R&D 项目风险较小，大企业内部融资是最优策略；如果 R&D 项目风险较大，向多个投资者外部融资是最优策略。Hooe J. C. V.（1998）分别从财务管理目标、融资、财务风险等方面对 R&D 项目进行了系统的分析。

Ellis 和 Curtis（1998）主张采用中性的或积极的财务管理技术，在进行 R&D 融资时，要在时间和财务绩效之间权衡，以避免研发加速陷阱。

Hooe J. C. V. 通过实证表明，美国、英国和加拿大的小公司主要依靠内部资金进行 R&D 融资，而在日本、德国和法国等国类似的公司则通过银行贷款；同时还发现，如果银行乐意监督其客户的投资活动，那么银行贷款 R&D 融资则是可行的。Carter B1och（2003）对丹麦公司关于融资对于 R&D 投资的影响进行调查，结果发现公司的内部资金在解释 R&D 投资中占主要的地位，表明 R&D 强度高的公司受到融资上的制约。

威廉·L. 米勒、朗顿·莫里斯（2004）提出了 R&D 融资的选择性融资策略，选择性融资按阶段估计项目的价值，每次只为一个阶段融资使用选择性融资，存在于已有现实和想象之间差距的创造性张力可以被引导，通过在系统探索想象领域的研究选择上进行投资，对特定的方法进行研究并把想象变成现实。这样，选择性融资就变成了在贯穿整个组织的设计、开发和执行中意义重大的因素。

（二）国内的研究

国内对研发资金筹集管理的研究主要集中在研发资金的筹集渠道，以及如何解决研发资金融资难的问题。

吕玉芹（2005）分析了我国中小高科技企业研究与开发融资的现状，包括从健全法规体系、加大政府支持、完善税收优惠政策、发展风险投资、研发融资手段和扩大国内外直接融资渠道几个方面，提出了建立多渠道的中小高科技企业研究与开发融资体系的建议。

陈海声（2003）分析了高科技中小企业研发融资困难的原因，并提出了具有高科技中小企业自身特色的研发融资的直接途径和间接途径：建立柜台交易；开通第二板块市场；扩大风险资金；发展知识产权；技术交易市场；建立专门的高科技中小企业金融机构；发行 R&D 债券、新保险品种；发展信用担保体系和互助金融组等。

金永红、奚玉芹和张立（2006）在分析中小高科技企业研发融资困难的原因基础上，指出风险投资有利于解决普遍存在的融资困难问题，还提出了大力发展我国风险投资应该做好：进一步完善相关法律，加大政策扶持力度；积极探索以创业板股票市场为核心的多层次、多渠道退出机制；实施面向全球的高新技术产业人才战略；实现风险投资资金来源渠道的多元化；普及风险投资知识，鼓励研发，营造良好的社会文化环境。

赵湘莲（2004）在综合分析高新技术企业 R&D 过程中对资金需求的特征和融资障碍的基础上，提出了在我国现有资本市场条件下，高新技术企业在不同发展阶段进行内部融资和外部融资时应采取的融资策略，系统分析了债务偿还的还款方式和研发项目资金平衡、资本结构形成的经济动因以及资本结构的变化对企业价值和 R&D 项目的影响，运用 EBIT-EPS 分析和测算法对最优资本结构进行测定，从企业价值和财务风险角度对资本结构优化调整与效果评价，给出了最优资本结构的调整策略。

陈海声（2006）以分析原创性 R&D 项目的投资收益特征和投资特征为出发点，指出原创性 R&D 以内源融资为主，以股权融资为主，并提出现阶段 R&D 融资的基础措施，即实现 R&D 过程与销售实现的早期结合；从产业链角度进行扩股；以并购形式扩股；以股权形式联合，可加速 R&D 融资。同时，指出高新技术企业研发投入与内部资金具有较强的相关性。

顾群和翟淑萍（2014）基于研发投资具有异质性的角度，把研发投资分为探索式研发投资与开发式研发投资，从这两个角度研究企业的融资约束与资金来源问题。实证结果发现：①企业存在研发投资—现金流敏感性，进行研发投资的企业普遍存在融资约束问题。②探索式研发企业的研发投资—现金流敏感性大于开发式研发企业，探索式研发企业研发投资引起的融资约束程度高于开发式研发企业。③探索式研发企业极其依赖于内源融资，而股权融资是其必要的补充，但得不到债权资金的支持；开发式研发企业的外源融资是其主要资金来源。

张杰、芦哲、郑文平和陈志远等（2012）利用大样本微观企业数据，考察企业 R&D 投入的融资渠道及存在的问题。研究发现，不同融资约束、规模、年龄以及是否出口对企业 R&D 投入的融资渠道影响存在显著差异。国有企业 R&D 投入依靠现金流、注册资本以及银行贷款，而民营企业则依赖现金流、注册资本和商业信用。对于那些获得政府补贴的私人所有性质民营企业来说，与政府建立联系可以帮助企业获得银行贷款并将之作为 R&D 投入来源。

卢馨、郑阳飞和李建明（2013）研究发现，目前中国的高新技术上市公司在缺少债务融资的支持下，研发资金主要来源于内部现金流和股票融资；R&D 投资强度和现金持有量之间呈显著正相关关系，充足的资金具有一定的缓解融资约束的对冲效应。

二、研发投资决策方面的研究

R&D 投资要获得高的报酬不能简单地靠集中于单个项目来完成，为了最大化公司的报酬，必须在组合层次上做出高质量的决策，确保高风险、高潜力的 R&D 与通过对已有产品或程序做一些增量改进以获得短期报酬的低风险项目的恰当组合（Mathesonand Menke，1994）。市场需求的快速变化、产品寿命周期的缩短、研发项目的风险性等要求企业同时进行多个 R&D 项目，但企业 R&D 活动的资金预算毕竟是有限的，如何在多个 R&D 项目之间做出选择，把有限的资金分配到对企业最有利的项目上，这涉及 R&D 项目之间的资金分配问题。最早提出 R&D 资金在独立的 R&D 项目间进行配置问题的是 Clifford C. Petersen（1967），他将配置过程视为在一定资金预算规模约束下，以获取预期投资收益最大化为目标的"0~1"整数规划模型，对 R&D 预算研究起到了开创性的作用。资金分配应当满足两个目标：一是通过资金合理分配而配合企业 R&D 战略的实施；二是在 R&D 资源有限的条件下，通过对 R&D 资金的有效控制提高资源的利用效率。

（一）国外研究

Coope 等（1996）认为，对 R&D 项目的组合管理过程包含了对组合的资源分配，并提出组合管理的三个目标：价值最大化、平衡和战略一致性。达到价值最大化的组合方法有财务经济方法和评分模型，实现平衡的组合方法有泡泡图和饼图，而达到战略一致性的方法是战略容器方法（Strategic Bucket Method）。他们通过对各种组合管理方法在企业中的使用情况、组合方法的使用与 R&D 项目业绩的相关性研究中得到结论：虽然很多企业将财务方法作为组合决策的主导方法，但越是依赖财务方法的公司，其新产品开发的业绩越差，业绩好的公司则不仅仅依赖于财务方法。因此，他们认为应同时采用几种组合方法作为解决方案，而且不能过分依赖财务方法的使用。

Archie Chung 等（1998）则对如何在 R&D 部门间配置 R&D 资源进行了研究，并设计了一种三阶段预算配置程序。Gravesetal（2000）提供了一种简单的然而理论严格的方法来设计最佳 R&D 组合，即在给定报酬水平下能降低风险的组合模型仅需要假设决策制定者是风险规避的，一种通常被认可的假设模型需要的输入指标是每个项目成功概率的估计和在成功及失败的情况下财务报酬的估计。最后，模型可以仅仅采用 Excel 电子数据表计算出来。

Mikkol（2001）采用 R&D 项目组合矩阵作为分析 R&D 项目组合的工具，他将企业的竞争战略和这些项目提供给顾客的利益结合起来，将 R&D 项目按其所处的不同象限分为 STAR（高竞争优势和高顾客价值）、SNOB（高竞争优势和低顾客价值）、FLOP（低竞争优势和低顾客价值）和 FAD（低竞争优势和高顾客价值）四种类型，并分析了这四类项目的特点及动态性。

Verma 和 Sinha（2002）采用多案例项目研究的方法，建立了一个理论框架，以分析在多个同时进行的 R&D 环境中项目之间的相互依存性以及他们和项目业绩之间的关系。他们把项目的相互依存归纳为三个方面：资源的相互依存、技术的相互依存、市场的相互依存。Terry E. Say、Alan R. Fusfeld 和 Trueman D. Parish（2003）强调建立一个不同的职能部门人员（尤其是技术人员和管理人员）可以理解的相对定量的沟通工具，通过对话达到 R&D 组合和公司战略的一致性。他们通过研究建立 10 个一致性指标以使企业的技术组合和公司战略一致，考虑到研发项目中员工知识是最重要和最稀缺的资源，高效的人力资源分配对新产品开发绩效有重要意义。Ayal 和 Rothberg（1986）提出研发资源分配不仅仅包括资金的开发，还包括人员的安排、其他支持性的服务等。

Kolisch、Meyer 和 Mohr（2005）提出一个运用汇总数据的项目选择和确定优先顺序的模型。这个模型考虑了项目的价值以及由于对稀有资源的需求而导致项目之间的相互影响。采用这个模型可以显著增加一个公司的组合价值，可以支持战略和经营层面的决策制定，它已经被成功地运用于一个大型制药公司来优化其组合价值，也可运用于需要将资源在项目持续期内平均分配的其他行业。

（二）国内研究

张琳（2000）采用多目标模糊优选动态规划分析法依次对一维资源、二维资源和多维资源的分配在具有多个量纲不一的定量评价目标时进行求解，从而实现有限资源分配问题。戴锡和骆品亮（2001）根据研发项目潜在收益不同赋予的权重也不同，根据项目组对项目的期望贡献，对研发预算在多项目之间进行配置，并结合概率函数进行快速求解。朱文峰等（2003）针对卫星研制任务中资源分配问题，在考虑了资源分配的效益及公平性、资源配置效率、决策目标、信息不对称等因素的基础上建立卫星研制任务的两层资源分配数学模型：首先是将资源在各用户部门之间进行分配；然后用户部门根据分得的资源选择实施的项目。该模型实现了有限资源在用户和项目间的合理分配，达成总体最优或满意效果。方炜和欧立雄（2005）将研发多项目的资源分配问题转换为一个多队列排队问题，并构建了一个仿真模型，通过 GPSS 系统仿真得出三个并行新产品研发项目的完工时间和资源分配结果。

朱勇和张增利（2005）设计了基于模糊综合评估的定量研究模型为科研经费分配提供决策支持，通过建立项目预算综合评估指标体系，借助计算机编制模糊评估量化。王嘉（2008）为解决企业对 R&D 资金在不同项目之间的分配问题，在研究和借鉴以往决策方法的基础上，构建了适用于大型高科技企业 R&D 资金分配的"研发树"模型。

王宇峰（2008）建立了基于价值链的研发预算资金分配模式。该模式以对价值链（包括横向价值链、纵向价值链和内部价值链）的分析为起点，将研发项目是否符合企业的价值链作为其能否立项的标准之一，使研发项目以市场为导向并较好地体现了公司的战略，同时通过对研发各个阶段内部价值链的分析，将研发预算配置给研发价值链中的关键性活动。

三、研发预算管理控制的研究

尽管现实中高科技企业对研发的预算控制实施情况不佳，但对研发预算的理论研究却比较多，都是提出一种理论，对具体的研发预算编制较少涉及。Harold D. Sasaki（1969）提出了采取预算方法对研发资金进行计划和控制，他将整个预算过程描述为四个步骤：设定预算目标值、初步项目预算、研究人员预算评价和最高管理层预算评价，但对于极为关键的研发预算编制方法体系却未涉及。在发达国家的 R&D 管理中，R&D 财务预算已成为研究者非常关注的问题。对于 R&D 资金预算方法，根据美国学者哈立得、德拉斯杜等对世界领先制药公司所进行的调查研究，认为大多数制药企业是选择"混合式"方法编制 R&D 资金预算。

N. R. Baker 等（1976）针对大型 R&D 机构的预算分配问题，设计出一个基于偏平衡的最小成本网络流程的算法模型，为 R&D 资金在项目间的配置提供了新的研究思路。Kurt Heidenberger（2003）认为，R&D 预算决策对企业意义重大，同时指出目前大多数企业只是根据以往的历史数据对 R&D 预算进行估算，往往不能跟上 R&D 项目的实际需求，据此开发了一个基于计算机的动态随机模拟模型。以计算机为工具的更具实用性的动态随机模拟模型用以评估拟选择的 R&D 预算方案对公司发展的影响，该模型同时将与技术相关的市场不确定性和一些基本的财务要素一并考虑。

国内学者的研究主要是针对科研院所的经费管理，即研究对象多是国家或地方政府管理的科研项目。普万里等（1999）把研发费用支出分为人员费、能源材料费、设备购置和使用费、其他费用四项，探讨了研发经费的分配方法。刘洁（2005）基于我国科研机构研发预算编制粗放、简单和水平低下等现状，提出了科研机构的全面预算管理思想，然而缺乏对具体实施途径和方法的探讨。朱勇、张增利（2005）针对科研经费分配问题提出了一种基于模糊综合评估模型的量化研究方法，建立了项目预算综合评估指标体系，编制了模糊评估计算机量化程序，为科学合理地使用科研经费提供了科学的决策支持。

梁莱歆（2007）分析了企业研发预算的现状、问题和未来，指出了我国企业研发预算管理现状及其主要问题，提出了改变目前企业研发预算管理状况的建议。认为企业在研发预算管理中应树立资源效率与价值链思想，同时改革现行研发预算管理模式，建立契合研发活动特点的动态预算管理模式，并建立研发预算管理信息系统。

谢思旺和马如飞（2008）在分析 R&D 项目预算管理特点的基础上，分别从数据库结构、系统结构及功能结构三个方面对 R&D 预算管理信息系统的构建进行探讨，以期为 R&D 预算管理的理论研究以及实践应用提供参考和技术支持。

陈劲（2005）为研发活动制定了一种新的预算系统，即技术导向性会计方法，是一种弹性式研发会计系统。该方法的中心原则是将研发预算视为一种结果或输出而不是一项输入，根据未来的预计收入进行预算。谭慧芳（2005）从预算编制、预算执行的监控、预算结果的考核 3 个方面研究如何对高新技术企业的研发费用进行预算管理。

熊艳（2008）根据研发活动本身具有柔性的特性，对此进行预算管理的模式同样应该具有柔性，由此建立了 R&D 柔性预算管理模式。该模式以企业战略柔性的建立为基础，充分关注研发人员自行预算意识的培养，并以柔性预算内在流程进行实施。

尚宏阳（2008）通过将研发预算与 ERP 系统整合构建了动态研发预算管理模式，其中采用了多种管理工具来实现研发预算动态编制、资源规划、实时分析与调整、动态考核与评价。李小玲（2008）从价值链的角度对如何构建集团研发预算管理模式进行了研究，并结合 BY 集团公司的实际情况进行了案例分析。

梁莱歆（2009）则从作业成本法的理念入手，将研发活动进行分解，将研发过程中资源的消耗与作业活动对应起来，从而提出了基于作业成本法的研发预算方法。该模式的优点是能在既定资源条件下，通过对研发过程的逐层分解，并将研发过程中消耗的成本与之相关的作业活动进行——对应，整体实现对研发全过程的动态控制。

梁莱歆和关勇军（2010）提出，研发信息的处理是研发预算管理工作的核心，构建了动态多维研发预算管理模式，该模式包含了人本管理、动态管理及风险控制等预算思想，较好地契合了研发活动的特征。

官小春（2011）提出了研发活动实施超越预算的思想，结合高科技企业研发管理特别是研发预算管理特点的基础上，融入超越预算思想，构建了高科技企业研发超越预算管理体系。

池国华和刘草等（2012）以研发预算为研究视角，以我国制造业企业为研究对象，结合研发活动的特点，以企业战略为导向、研发目标为起点、平衡计分卡为框架、价值创造为驱动、动态多维为核心，从研发预算组织体系、研发预算流程体系以及研发预算方法体系三部分构建契合我国制造业企业研发活动特点的研发预算管理体系。

四、研发成本控制方面的研究

研发预算控制实质上也是一种成本控制的方法，但对于具体的成本控制国内外学者也进行了专门研究。Walter B. McFalad（1959）和 Henry K. Moffit（1962）最早探讨了 R&D 过程中的成本控制问题，针对 R&D 过程中发生的间接成本，他们主张根据成本发生的动因采取多种分配标准。

纪延光和韩之俊（2004）根据项目质量成本管理理论，分析了企业研发项目的质量成本构成及相互关系，并提出了针对项目质量成本的核算和控制方法。徐路宁和张和明（2005）在对设计阶段成本控制进行概述的基础上，根据成本控制的原则，结合产品设计和成本管理，提出了进行成本控制的对策，从而提高企业的市场竞争力。李平和顾新一（2006）针对研发多项目之间的相互关系建立了联合风险优化模型，并采用遗传算法对风险、费用和进度进行管理。武立玮和刘子先（2006）通过在新产品开发中综合基于参数拟合的成本预测和基于作业的成本预测，实现了对 R&D 项目成本进行控制。

孙升波（2007）提出了新产品研发成本控制流程，即企业首先根据市场信息和自身的战略定位，确定新产品研发的方向，以新产品高标定位、柔度设计和价值工程的理念而确定新产品的目标成本。然后，将此目标成本在各个成本项目之间进行分配，由于各成本项目之间是相互关联、相互制约的，因此存在不同的分配方案。如果企业找到最优的成本控制方案，能进一步在各成本内进行有效的控制，否则，要考虑到研发流程再造，重新进行目标成本的分解。

熊艳（2010）将项目生命周期理论引入到研发成本管理中，通过分析研发生命周期各阶段的成本动因及其风险，探讨建立基于项目生命周期的成本管理模式。该管理模式将整个研发过程的成本管理划分为四个阶段，即立项阶段的战略成本管理、先行开发阶段的风险成本管理、设计开发阶段的质量成本管理和工业试验阶段的目标成本管理。

五、研发管理绩效评价方面的研究

我国对研发绩效问题的研究起源于 20 世纪 90 年代中后期，如朱冬元和宋化民（1994）对技术研发的概念和绩效评价进行了初步的探讨；朱庚春等（1997）对国外技术研发理论进行了介绍，并将对技术研发绩效的评价提到了重要的地位。与国外比较重视理论研究不同的是，国内研究更侧重于对具体评价指标体系和应用的研究。

也有部分学者从投入和产出角度构建企业研发绩效评价指标体系，虽然这些指标体系在具体指标的选择上有一定的差别，但大部分指标都相同，如研发人员数、研发支出经费比例、人员培训支出比例，以及研发产品销售份额、研发产品销售收入、专利拥有增加数等。

学者们提出并运用多种方法对企业研发进行评价，分别是综合加权评价方法、投入产出比例法、参数法和非参数法四种。其中，常用的评价方法有数据包络分析评价方法、层次分析法、主成分分析法、模糊综合评价法、人工神经网络、灰色系统评价法、粗糙集理论等。

魏峰和荣兆梓（2012）利用随机前沿分析法，对 2000～2009 年国有企业和非国有企业的技术效率进行测度。

在研发效率的测算或评价过程中，早期文献通常采用单一相对指标法，即将研发产出与研发投入直接比较计算出相对效率值。该方法虽然简便易行，但偏误较大，且不适合处理多投入或多产出的情况。随着效率评价方法的不断改进和发展，包括数据包络分析（DEA）和随机前沿分析（SFA）在内的所谓效率前沿方法日益成为效率评价的主流方法。

第三节　研发资金管理的实证研究

创新和研发是高科技企业保持核心竞争力及持续发展的重要手段，所以较多的学者论证了研发投入与企业生产率、企业市场价值及会计业绩的关系。梁莱歆和张永榜（2006）对我国非上市高新技术企业的调查表明，R&D 投入对企业的盈利能力与技术实力的影响作用明显。张焕凤（2005）以我国高科技上市公司为研究对象，发现 R&D 投入与其盈利能力及发展能力的相关关系显著。郭研和刘一博（2011）研究了中关村高科技园区高科技企业的情况，结果显示，研发投入对滞后两期的新产品产值比率的影响显著。

尽管数据来源、研究方法等并不相同，但目前大多数研究认为企业的研发投入对绩效具有积极影响（Hall，Mairesse，1995；邓进，2008；赵晖，2010；等等）。研发投入可以增加企业的产出绩效，但研发资源具有稀缺性和不可再生性，还需提高研发投入与研发产出之间的转换比例关系，实现资源配置效率的最大化。国内外学者从国家、区域、产业、企业等运用不同的方法对研发效率进行测评。肖静、程如烟和姜桂兴（2009）运用 OECD（经合组织）主要科技指标的统计数据和超效率 DEA 方法，对中国、八国集团、韩国等十国的研发效率进行测算，结果表明，虽然中国在投入产出方面取得了一定的进步，但研发效率仍然低下，亟待改进。谢伟、胡玮和夏绍模（2008）运用 DEA 方法对中国各省的高新技术产业研发效率、技术效率和规模效率进行了测算，发现中国高新技术产业研发效率整体水平偏低，各地差异显著。谢伟和胡玮等（2013）对中国 30 个省区大中型工业企业的 2010 年研发效率和经营效率进行了实证分析，研究发现，从整体上看，中国大中型工业企业的研发效率显著低于经营效率。王新红和郝海蕾（2013）的研究也表明，中国工业企业研发的综合效率整体偏低。

同样的 R&D 投入，企业技术研发后果却存在着巨大的差异，导致不同地区不同企业研发效率差异的原因是多方面的，学者最早研究了市场结构与研发效率之间的关系。有人认为，高市场集中度的产业更有助于激励企业的研究开发

（Schumpeter，1943），但朱有为和徐康宁（2006）实证研究表明，市场竞争对中国高技术产业的研发效率有显著的正相关关系，印证了 Arrow（1962）的观点。股权激励、产学研合作、FDI、企业规模、新产品需求、人力资本和研发要素之间比例协调等对研发效率有显著且积极的影响（池仁勇、唐根，2004；原毅军等，2013；陈修德、梁彤缨，2010；刘和东，2011；陈修德等，2015）。赵文红、许圆（2011）对影响企业研发活动失败的原因进行了实证分析，认为资源不足、协调不足、管理不佳、技术不当、外部变动是重要因素。梁莱歆（2007）认为，研发活动经济效益低的重要原因与研发资金及其管理有着直接的联系，针对研发过程的缺少价值管理的现状，提出加强研发资金预算管理的思路。

第四节　研究评述

虽然目前国内对 R&D 管理和预算的研究较多，但主要集中在产品或技术创新层面、企业战略发展以及科技人力资源方面的项目管理研究。同时，R&D 绩效评价方法的研究也是近年来理论界探讨的一个中心问题。同时，近几年来国内理论界也涉及 R&D 价值管理方面的研究，但仅限于两个方面：一是项目投资决策的分析和评价；二是对 R&D 支出会计处理的讨论，包括资本化或费用化的问题。此外，有学者探讨了作业成本法在 R&D 支出成本化中应用的问题。

综合目前的相关研究可以发现，针对企业 R&D 过程的资金管理与控制研究目前还很缺乏。虽然近年来涉及 R&D 资金管理的研究有所增加，但是，现有的研究重点放在投资决策与绩效评价上。然而，就 R&D 项目管理而言，投资是开始，绩效评价是结束，二者都无法改变和优化 R&D 结果。这种仅抓两头的管理模式，无法从根本上提高 R&D 项目的经济效益，而 R&D 资金运作过程中的融资、资本预算分配、成本控制、绩效评价等，需要一个系统的管理控制机制，这是决定其产出经济效果的关键所在。

第三章　理论基础

第一节　高科技企业及其研发的特点

一、高科技企业及其特点

（一）高科技的含义

高科技（High Technology）是一个随着人类科技发展和技术进步其内涵和外延都不断发展和变化的概念，各个主体从不同的角度对高科技进行了定义，例如韦氏第三版新国际辞典将高科技定义为使用包含尖端方式或仪器用途的技术；联合国教科文组织则认为人类在攀登宇宙空间、生存环境、物结构、生命本质和人的智力等科学高峰中，在前沿产生的信息科学技术、生命科学技术、新能源和再生能源科学技术、新材料科学技术、空间科学技术、海洋科学技术、有益于环境的高新技术和管理科学技术（又称软科学技术）的总称。中国高新技术企业认定管理办法和国家重点支持的高新技术领域则规定了以下8个领域为高新技术范围：电子信息技术、生物与新医药技术、航空航天技术、新材料技术、高技术服务业、新能源及节能技术、资源与环境技术、高新技术改造传统产业。冬铃（1996）从技术的影响价值的角度出发进行界定，将重大影响一个国家的经济、军事并具有重要的经济、社会意义，且能商品化或产业化的新兴技术或尖端技术定义为高科技。从上面的观点可知，高科技、高技术或高新技术，他们的含义大同小异，都强调技术的先进性和知识的高含量，对人类技术、社会、经济发展具有重大价值。

（二）高科技产业

高科技产业主要从人员结构和经济指标两个方面进行界定，其中最具代表性

的是经济合作与发展组织（OECD）基于产业 R&D 经费强度的界定方法，OECD
不仅考虑了直接的 R&D 经费，而且考虑了间接 R&D 经费。他们根据 R&D 总经
费（直接经费与间接经费的总和）占总产值的比重、直接 R&D 经费占总产值的
比重和直接 R&D 经费占增加值比重三项指标明显高于其他行业的那些产业定义
为高新技术产业。20 世纪 80 年代，OECD 将 R&D 收入占总产值的比重高于 4%
的行业规定为高科技产业，并将其进一步细分为六大类：航空航天、计算机与办
公设备、医药、电子与通信设备、科学仪器仪表、电气机械制造业；90 年代后
期该比重提高到 8%，且只包含四个大类，将科学仪器仪表、电气机械制造业从
高科技产业中分离出去了。美国从三项指标——R&D 经费占产品销售额的比重、
科技人员占总员工的比重、产品的技术复杂程度进行综合界定。根据高科技产业
高风险、高收益以及知识高度密集的特点，中国国家科技部 2000 年 7 月规定高
科技产业包括 11 类，除了航空航天与 OECD 分类相同外，其余分类的名称及其
涵盖的范围都存在较大差异（官小春，2010）。

（三）高科技企业

高科技企业的界定主要是从从业人员构成比例及相关经济指标以及所从事的
经济活动等进行限定。例如，美国政府根据企业产品中知识和技术所占比重以及
材料和劳动力成本所占比重的比较来界定高科技企业。中国国家科技部则从从业
范围、科技人员比重、研发经费占销售收入的比重、研发投入几个指标进行详细
界定。美国学者德曼西斯库（D. Dimancesuc）将从事研究和开发的专业技术人员
比例高和销售收入中用于研发的投资比例高的企业定义为高科技企业。Anderson
（1987）则认为，工程师、科学家比例远高于其他行业，新产品与新工艺是建立
在科学技术的运用上的，R&D 支出远高于其他制造业的企业为高科技企业。

一个企业是否为高科技企业可以从两方面判断：一个是产品，根据构成其产
品成本中知识与技术的比重是否高于传统的原材料和人工比重；另一个是价值运
动过程，也就是说在高科技企业的价值形成过程中，高科技是否渗入或运用于某
一关键阶段或活动中。当然，不能仅凭其采用了高科技的生产手段而认定其是高
科技企业，还应关注其经营领域技术进步的快慢以及能否转化为现实生产力（官
小春，2010）。

（四）高科技企业的特点

从以上文献可知，高科技企业是指由高技术成果转化形成的具有知识密集、
研究开发费用投入高、附加价值高、增长速度快、技术进步快等特征的企业。它
除了具备一般企业的特点外，还具有不同于一般企业的特点。

（1）高技术。即它是以高技术这种特殊的技术类型作为其建立和成长的自
然基础和基本条件的。因此，高技术企业最初和最集中的特点是它的高技术资源

含量高于一般企业。对高技术企业的认定标准各国有所不同，这种不同体现了各国工业发展的水平和基础，同时更重要的是体现了各国科技兴国的总体战略。所以，高技术企业的认定标准并不在于是否严格地对高技术企业概念进行界定，而是使高技术企业概念定义成为该国的产业技术化战略提供现实的指导。

（2）高投入。高新技术企业需要有较高的资金投入，没有大量的资金投入，要想使高新技术企业不断发展，这是不可能的，甚至连企业的生存都有问题。从事高新技术 R&D 要取得科技成果，这项科技成果无论是自己研究产生的，还是他人研究产生的，都需要投入研究费用。而且技术难度越大、越复杂，需要投入的资金就越多。据统计，高新技术企业 R&D 投入强度一般为 5% ~ 10%，最高的可达 50%，将其 R&D 成果商品化时，所用投资又要比 R&D 投入强度高 5 ~ 10 倍。因此，日本人把高新技术企业称为"食金虫工业"。

（3）高风险。高科技企业通常以新发明、新创造为基础进行技术商品化活动，研发周期漫长、不确定性因素较多、不一定形成新技术或新产品。高科技企业的高风险体现在诸多方面。首先，高技术是一个相对的概念，现在的高技术在不久的将来可能失去其领先优势；同时一国的高技术可能是另一国的常规技术，随着技术的引进、推广、普及以及关键技术的破解，高技术很快就会成为不再具有竞争优势的普通技术，从而难以获得高收益。其次，高技术的获得带有极大的不确定性，高技术的获得或取得一定程度的突破不仅取决于企业平时的技术、管理经验的积累，还取决于与其他企业的相对技术进步，也与企业的投入息息相关。在时间、人力资本和物质资本投入有限的情况下，并不一定每次投入都会有产出。最后，处于生命周期的不同阶段风险也会不同。高科技企业要想获得持续的成功，必须针对不同阶段的不同风险有针对性的管理，抓住主要矛盾，使企业从生命周期的较低阶段向最高阶段平稳发展。在对高科技企业进行管理时，必须承认风险的必然性和可能性，正视风险，采用积极的方法认识、控制风险。

（4）潜在高收益。一旦高科技企业能开发出满足市场需求的新产品或新技术，则因新颖性、研发性以及高技术含量能够迅速占领市场，从而可能获得巨大的经济效益。高科技企业的高收益的获得主要有三种途径：第一种是通过技术研发形成产业、行业或产品标准，从而成为市场利润分配的主宰者；第二种是申请专利或形成专有技术，通过专利或技术转让获得收益；第三种是产品市场化，形成技术壁垒，从而获得超额收益。这三种收益应该说是递减的，这也正是人们常说的：一流企业树标准，二流企业卖专利，三流企业做产品。

（5）人力资本专有性。人力资本是高科技企业的根基，其发展壮大往往凭借那些高技术持有者发挥作用从而获得独特创造力和活力。然而由于投资的专有性，使技术的持有者与其掌握的独特技术很难分割，具有不可替代性。一旦技术的持有者进入其他同行业企业再就业，就会形成强劲的竞争对手。因此，如何发挥高科技企业研发人员的积极性，在企业研发资金管理中必须充分考虑。

高科技企业是典型的知识型企业，从事的是智业活动，主要依赖人才及其智力和知识。高科技企业中具有工程和科学学位的人员，占员工总数的 40% ~ 60%，相当于传统技术产业部门的 5 倍。关键的经营资源是人力资源，特别是高科技人力资源，即具有从事较高程度异质性劳动的人力资源。一张普通的光盘销价是几元钱，而生产成本只有几毛钱，但是如果刻上电脑软件，售价高过数百美元，这就是异质性劳动的价值所在。高新技术企业的生存与竞争优势正是在于这种异质性的劳动，即高科技人力资源。任何一家成功的高新技术企业历史都是一部反映其高科技人才创业与奋斗的历史。微软公司既是一家高科技公司，更是一家高智力的公司，可以说，在高科技领域，谁拥有了人才，谁就拥有了未来。

二、研发及特点

研发是研究与发展（Reserch and Development，R&D）的简称，联合国教科文组织对 R&D 进行了定义和分类，R&D 指增加知识总量，以及运用这些知识去创造新的应用而进行的系统性创造活动。与这一定义相联系的国际通用的 R&D 三阶段划分标准是：R&D 由基础研究、应用研究和技术开发三项活动组成。

（一）研发活动的分类

（1）基础研究。基础研究主要是为获得关于现象和可观察事实的基本原理而进行的实验性或理论性工作。基础研究可细分为完全不考虑任何应用的纯基础研究和为某种技术应用的可能性而做的应用性基础研究两类。基础研究主要成果的表现形式是科学论文和科学著作。

（2）应用研究。应用研究是利用基础研究的成果去满足具体的需要。应用研究主要针对某一特定的而又比较广泛的应用目标。应用研究成果主要表现为学术论文、著作、原理性模型或实验性模型。

（3）技术开发。技术开发是指利用从研究和实际经验中获得的现有知识，为生产新的材料、产品和装置，建立新的工艺、系统和服务，以及对已生产和已建立的上述各项进行实质性改进而进行的系统性工作。技术开发分为两个阶段：实验开发和工程开发。实验开发是开发新的产品和过程，其成果一般是样品、样机、装置原型及相应的图纸与其他技术文件。工程开发是以具体的产品或过程为对象，它主要解决从样机或原型到生产之间的全部技术与工艺问题，其成果要满足正式生产的全部技术需要。

从联合国教科文组织对 R&D 的定义可以看出，这一定义揭示科研活动的内涵和本质。它具备四种基本因素：①创造性的因素；②新颖性或研发的因素；

③科学方法的应用；④新知识的产生。

关于研发活动的定义，国际会计准则在其第 9 号 R&D 成本中提出将研发活动分为研究与开发两大类，其中研究活动是指进行具有创造性和有计划的调查，其目的是认识并获得新的科学技术知识；开发活动则是在开始商业化生产或使用前，把研究所获得的知识或其他知识应用于新的或具有实质性改进的材料、装置、产品、工序系统或服务。

（二）R&D 活动的特点

不失一般性，将 R&D 分为基础研究、应用研究和试验发展三种类型。这三种研发活动既具有共性，又有其个性。从共性上看，这三类研究活动都具有探究性、开创性、不确定性、继承性的特点。其目的都是探索未知世界，解决人类尚未清楚的问题；其本质要求是创造新知识、新方法；探索的过程中充满不确定性，没有十足的把握保证成功，风险比较大；每一项活动都必须建立在以前知识和信息、经验的积累之上，不可能凭空创造和想象。从个性上看，这三类活动在时间、成效和风险方面存在明显差异。通常基础研究属于探索全新领域，需要研发人员潜心研究数年，有时甚至是几代人前赴后继的投入，所需时间相当长，而应用研究主要是将基础研究的机构应用于商业活动，因此所需时间相对较短，而开发研究则有较严格的时间限制。从活动最终成果看，基础研究的成果通常是学术论文或研究报告，没有实物性东西，应用研究通常是专利、经验、技术诀窍等，而开发研究则通常是新产品、新工艺和新材料，具有明显的商业价值。从投资风险看，基础研究技术风险很大，成功的可能性不高，但由于很多基础研究是国家投资，财务风险比较小，应用研究和开发通常是企业投入，技术相对比较成熟，风险较小，但财务风险则相对较大。

由于基础研究的资金投入量大、研究开发时间长，因此国家成为投资的主体；应用研究和开发时间较短、技术成果商业化周期较短、成功率较高，企业成为投资的主体。因此本书研究对象研发活动主要限定在应用研究与产品开发上。

研发活动不同于一般的生产劳动，是一类特殊的生产劳动，研发活动具有探索性、创造性、不确定性和继承性的特点。

（1）探索性：研究与开发的目的在于探索未知，解决尚未解决的问题，寻求解决问题的途径和方法，所以任何研究与发展活动无不处于探索之中。

（2）创造性：创造各种新知识、新概念、新理念、新思想、新产品、新工艺与设计、新方法是研究与发展工作的本质要求。

（3）不确定性：研究与发展工作的探索性和创造性决定了其具有不确定性。由于 R&D 工作没有必定成功的把握，失败在所难免，所以研究与发展活动具有相当大的风险。

（4）继承性：任何研究与发展活动都要利用前人的成果，如前人积累下来的知识和信息。一方面要利用前任建立起来的科学技术体系，作为继续进行研究的工具、手段和依据之一，另一方面又要继续探索前人没有完成的事业（赵湘莲，2004；官小春，2010）。

第二节　管理控制理论

一、管理控制理论

管理控制理论是在经典控制理论基础上发展形成的。20 世纪 40 年代，美国科学家维纳论述了控制论的一般方法，并总结出了三个最基本而又重要的概念：信息、反馈和控制，此即为控制论的三要素。他的研究为控制理论这门学科奠定了坚实的基础，从维纳的经典控制理论到 20 世纪 80 年代的智能控制理论，其应用范围主要是工业控制、航空航天等自然科学领域，而进入 20 世纪 90 年代之后，经典的控制理论被慢慢地应用到了企业管理、项目投资、资产评估、金融工程、人力资源等各种领域。经典控制理论中有两类主要的控制系统，一个是反馈控制系统，另一个是自校正自适应控制系统。

控制系统（CCS）的实施必须具备四个前提条件：①可描述的对象或目标；②由目标界定的结果具有可测度的方法；③被控制的组织或系统具有一个预测模型；④具有可替代方案供选择。

二、研发活动的管理控制

由于 R&D 活动的研发性，其结果常常难以具体描述和测度。并且，只有能够进行过程控制，才可能具有一个预测模型对被控对象进行预测，但是企业对大多数 R&D 活动进行过程控制非常困难，或者代价高昂。所以企业经营者很难用一个预测模型来准确地实现对 R&D 系统的预测。显然，R&D 活动控制系统不具备实施控制论控制系统（CCS）的前提条件，纯粹的 CCS 不太适合 R&D 活动控制。研究者们在参考 CCS 思想基础上提出了管理控制系统理论与相关模型，用以指导企业管理控制，尤其是 R&D 活动的管理控制。

Anthony（1998）开创性地提出了管理控制系统理论，认为规划和控制是两个紧密相关的活动，包括战略规划、管理控制、任务控制三个层次。控制系统由控制器、被控制的系统以及环境组成。管理控制系统的主要目标是管理者监督组织中其他成员落实组织战略的过程。池国华、吴晓巍（2003）总结归纳了管理控制理论演变过程，指出：管理控制作为管理者确保资源获得和利用效率效果以实现组织战略目标的一种组织系统，其理论在企业环境不断变迁的过程中经历了四个阶段的演进和发展，分别为封闭—理性阶段、封闭—自然阶段、开放—理性阶段和开放—自然阶段，每一阶段都形成了主流观点。按照 Robert Simons（1995）的划分，可以把管理控制系统划分为诊断控制模式、信念控制模式、边界控制模式和互动控制模式四种类型。

管理控制系统必须满足：①企业战略在实施过程中与制定的目标一致性状况必须能够评定，并且能够及时反馈给管理控制系统的控制器（Controller）；②控制器的专家预警模型能够及时地描述内部、外部干扰对被控制系统行为的影响以及修正措施（Steering Measures）对其行为的影响，同时这些修正措施必须足够完备，保证对所有可能的干扰能够进行处理。

环境的变化导致战略的不确定性，要求交互式的使用管理控制信息以制定新的战略。根据高技术企业战略形成特点，战略管理工具的控制系统应包括：首先，交互式控制系统是管理控制系统的一部分，控制信息倾向于非财务信息，在瞬息万变的技术和市场环境中，高技术企业必须不断确定和思考新的战略，而管理控制系统实施是为了保障战略的有效。其次，管理控制系统必须有足够的信息了解系统和相关变量的状况，以确定应对措施。最后，在迅速变化和动态的环境里，创造"学习型组织"是高新技术企业生存的基础。"学习型组织"指组织的员工学习处理环境变化的能力。在有效的学习型组织中，组织各层员工不断地审视环境，确定潜在的问题和机遇，坦率公开地交换信息（郭银文，2005）。

第三节　价值链理论

一、传统价值链的思想

价值链的概念最早由美国哈佛大学商学院教授迈克尔·波特提出。波特（1985）认为，企业是用来进行设计、生产、营销、交货以及对产品起辅助作用的各种活动的结合，所有的这些活动结合在一起便形成了一条完整的价值链。价值链中的价值是指买方愿意为企业提供给他们的产品所支付的价格，如果用户愿意支付的价值超过企业提供产品或服务所需的成本，那么企业就有盈余，因此为用户创造超过成本的价值是任何基本战略的目标。然而，要达到价值创造的目的，首先需要认识企业的活动是价值驱动活动还是成本驱动因素，这一分析框架将企业的活动分解为不同的影响公司相对成本地位、产品歧异的具体活动，这些活动的组合创造出对用户有价值的产品，从而塑造出企业的竞争优势（尹美群，2008）。

波特按照企业活动的经济性、歧异性和对成本的影响区分价值活动，并将企业的价值活动分为基本活动和辅助活动（见图3-1）。基本活动直接创造价值并将价值传递给顾客，涉及产品的物质创造、销售、转移给买方和售后服务等各种活动。具体的基本活动包括：

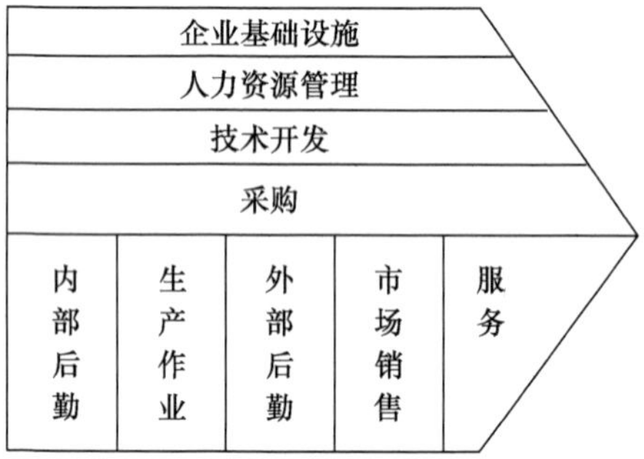

企业基础设施
人力资源管理
技术开发
采购

内部后勤	生产作业	外部后勤	市场销售	服务

图 3-1　波特的价值链模型

（1）内部后勤，指与接受、存储和分配相关的各种活动，如原料搬运、仓储、库存控制、车辆调度和向供应商退货等。

（2）生产作业，指与将投入转化为最终产品形成相关的各种活动，如机械加工、包装、组装、设备维护等。

（3）外部后勤，指与集中、存储和将产品发送给买方有关的各种活动，如产成品的库存管理、原材料的搬运、订单的处理和生产进度的安排等。

（4）市场销售，指与提供一种买方购买产品的方式和引导他们进行购买有关的各种活动，例如广告、促销、销售队伍、报价、渠道的选择和渠道关系等。

（5）服务，指与提供服务以增加或保持产品价值有关的各种活动，如安装、维修、培训、零部件供应和产品调整等。

辅助活动主要用来支持基本活动，具体包括：

（1）采购，指购买用于企业价值链投入的活动，主要包括原材料、供应品以及其他消费品和资本品的购买。

（2）技术开发，指改善产品和生产工艺的各种努力。

（3）人力资源管理，包括各种涉及所有类型人员的招聘、雇佣、培训、报酬等活动。

（4）企业基础设施，指企业的一般管理活动，包括行政管理、财务、法律、计划和会计制度等，它是通过整个价值链而不是单个辅助活动起作用的。

企业的价值是由上述基本活动和辅助活动共同创造的。然而，波特强调，企业的价值链并不是上述独立活动的集合，而是上述活动构成的一个完整的系统，企业的竞争优势来自价值活动的协调一致性和价值链的优化。因此，为实施价值链管理，企业必须进行以下的工作（张继焦，2001）：

（1）流程重组。改进企业的业务流程，使各个环节既相互关联，又具有处理资金流、物流和信息流的自组织和自适应能力，使企业的产、供、销系统有机地整合在一起，从而形成一个相互关联的整体。

（2）组织再造。建立适应价值链管理的组织系统，使得公司内部各个部门协同工作，以取得整个业务流程的优化。

（3）信息集成。集中分散于各个部门的关键数据，建立贯穿于价值链全程的数据库管理。

（4）规范制度。建立于业务流程、组织结构、信息流相配套的制度体系，为价值链管理提供制度保障。

除了企业内部价值活动，企业的价值还受到上游供应商和下游买方的影响。企业从上游供应商处获得原材料的供应，通过内部价值活动实现产品的增值，进而通过一定的渠道转移到买方。这一系列的过程如同企业内部价值活动一样，需要相互协调和联系，从而形成一条产业价值链，企业价值链在产业价值链中的位置决定了其战略地位。

总体来说，波特的价值链理论包括三层含义：

（1）每个企业由于其历史、战略以及推行战略的途径不同而拥有独特价值链，价值链可由九种基本的价值活动来描述，各价值活动之间存在密切的联系，从而形成一个完整的系统。

（2）企业的价值链在为企业创造价值的同时，还消耗企业内部的资源（表现为成本）。因此，企业的竞争优势不仅取决于其是否拥有能够创造价值的价值链，而且取决于该价值链创造价值的持续性（尹美群，2008）。

（3）企业价值不仅取决于内部价值活动，还依赖于上下游企业的价值创造活动，即企业价值链只是产业价值链的一部分，企业在产业价值链中的位置决定了其战略地位。

我国学者孙茂竹（2002）根据波特对价值链的描述，依照企业经营活动的有机联系把价值链进一步划分为内部价值链、纵向价值链和横向价值链（见图3-2）。其中，纵向价值链是从最基本的原料投入到最终用户产品形成之间的所有价值形成和转移环节所构成的一种连锁链条。实际上，这里的纵向价值链和波特的产业价值链是同一概念。而横向价值链是所有在一组平行的纵向价值链上处于同等地位的企业之间的内在有机联系，也即波特价值链理论中所提到的企业与之竞争并形成各种价值关系的所有企业之间的内在联系。虽然波特并没有明确提出横向价值链的概念，但他在《竞争优势》一书中的主要分析对象是企业之间的横向价值关系，而横向价值链的提出为进一步认识企业价值关系，制定企业战略提供了良好的思路。

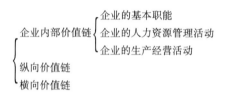

图 3 - 2　价值链的分类

二、价值链的新发展

随着信息技术的不断发展，信息在竞争中的作用日趋重要，价值链也被认为应包括信息的创造和利用。这种背景下，以波特为代表的传统价值链思想已经不能适应新时代的需求。Jefferey F. Rayport 和 John J. Sviokla（1995）提出了虚拟价值链的观点，他们认为，任何企业都在两个不同的世界中竞争，即由可以感知的物质世界和由信息构成的虚拟世界，前者被称为市场场所（Market Place），是由看得到、摸得着的资源和活动组成；后者则被称为市场空间（Market Space），指电子商务这一新的价值增长点，其通过对信息的收集、组织、选择、合成以及分配而创造价值。

虚拟价值链理论认为，价值链中的价值增值活动可以分为两种：一种是在市场场所中基于实物资源的价值增值活动，这些活动构成了传统价值链（即实物价值链）；另一种是在市场空间中基于信息资源的价值增值活动，这些活动构成了虚拟的价值链。传统价值链与虚拟价值链是两条并行的价值链。虽然传统价值链和虚拟价值链中都产生信息流，但两种信息有本质的区别。在传统价值链中，企业对信息的收集、整理、加工和利用所形成的信息流，仅服务于实物产品的生产和流转，其本身并不创造价值。而在虚拟价值链中，信息本身就是产品，因此信息的收集、整理、加工等活动被认为是价值链的基本活动，其过程本身是价值增值的过程。因此，实物价值链中的信息流并不能直接应用于虚拟价值链。而虚拟价值链中的信息由于是对传统价值链进行信息提炼的结果，因此可以更好地反映传统价值链的价值增值活动，有利于管理者对传统价值链各个增值活动进行协调管理。除了上述差异，虚拟价值链和传统价值链还在以下几个方面显著不同，如表3-1所示（张孟才、楚金华，2004）。

表3-1　传统价值链与虚拟价值链的差异

	管理内容	增值过程	信息作用	中介	客户角色
传统价值链	实物产品	线性	辅助作用	物质中介	产品接受者
虚拟价值链	数字产品	非线性	价值来源	信息中介为主物质为辅	参与设计

　　然而，值得一提的是，虽然虚拟价值链与传统价值链存在诸多的区别，但价值链上的价值关系却是相同的。因此，应用于传统价值链中的多代理模式同样适用于虚拟价值链，虚拟价值链中的各个成员企业仍然依靠相互的合作和竞争共同创造价值及分配价值。传统价值链中的三种基本战略（成本领先战略、差异化战略和目标聚集战略）也依然适用于虚拟价值链。（尹美群，2008）

三、价值链的价值创造与价值分配

　　在产业价值链中，下游企业从上游企业引进原材料或服务，通过企业内部的价值活动实现价值增值后转移到下游企业，下游企业继续进行价值的增值活动直至产品最终到达消费者手里，消费者为企业提供给他们的产品支付相应的价格，每家企业又以原料采购的模式将消费者支付的价格逐层向上游企业转移。可见，整个价值链的运作过程实际上是价值链上各个企业相互合作共同创造价值和进行价值分配的过程。价值的创造和价值的分配不仅仅体现在产业价值链中，在横向价值链和内部价值链中也时刻存在着价值创造和价值分配的活动，所不同的是，不同价值链的价值创造和价值分配方式不同。

　　与传统的对价值链的认识不同，价值创造和价值分配更多是从经济学的角度分析价值增值过程和企业的行为。杜义飞（2005）总结了价值链企业进行价值创造的几种模式。

　　（1）通过资源互补创造价值。在产业价值链中，每个企业都可以独立地获取所需要的资源，也可以通过价值链中其他的企业获取。如果通过其他企业获取资源的成本小于企业独立获取资源的成本，那么通过资源的引进和重新配置便能创造出更大的价值。

　　（2）价值活动协同创造价值。波特认为，不同的企业绩效是由于企业适应产业结构的程度存在差异，企业根据产业竞争力的分析发现战略地位，通过调整其价值活动产生竞争优势。所以，通过价值活动的重新组合（即价值活动的协同作用）可以产生新的价值。

（3）通过交换创造价值。每家企业都可能拥有其他企业所需要的资源，这种资源在本企业内部可能不会产生很大的价值，但转移到其他企业产生的价值则很大。因此，通过价值链上各企业的价值交换，整个价值链能够创造出更大的价值。

关于价值分配的研究，波特和杜义飞从两个不同的视角进行了阐述。波特从横向价值关系方面阐述了价值分配的内涵和方式，他指出，满足买方需求是产业盈利能力的必要条件，但决定企业盈利能力的关键问题在于企业是否能摄取其为买方创造的价值。因此，为了摄取更多的价值，企业必须制定合适的竞争战略。可以看出，波特的观点认为价值的分配实际上是同类企业相互竞争的结果。杜义飞对价值分配的分析则置于产业价值链的环境中，上下游企业通过对中间产品定价的博弈，从而实现产业价值链的最终价值在不同企业之间的分配。

在价值链中，往往是价值创造和价值分配同时存在，横向价值分配和纵向价值分配共存。因此，对企业价值的分析不应该仅仅考虑纵向价值链的协同优化对企业竞争优势的影响，还应该同时考虑企业横向之间的合作和纵向的价值分配问题。无论是在横向价值链、纵向价值链还是在价值网络中，价值创造和价值分配始终是整个价值系统中的主题，也是影响企业研发投资的核心问题（马如飞，2009）。

第四节　实物期权理论

一、实物期权概念

金融期权是赋予持有者在未来某一时刻买进或卖出某种金融资产的权利，其标的物是金融资产。实物期权则是非金融期权，泛指非金融性商业投资所获得的未来开发、利用特定资产的权利。实物期权概念最早由 Myers 教授在 1977 年提出。他将投资机会视为"增长期权"（Growth Option），并认为战略决策的柔性和金融期权具有一些相同的特点。其主要思想是从不同投资阶段考虑现实价值。Myers 指出，一个具有未来机会的投资方案的价值，来自目前所拥有资产的使用而产生的现金流，再加上对未来投资机会的选择权价值，即考虑了实物期权价值后的项目总价值 OANPV（The Option Adjusted NPV），等于项目本身的净现值

（NPV）加上项目的期权价值，其决策准则是 OANPV > 0。实际上，这种选择权具有美式期权的特征，执行价格为未来项目的投资成本，标的资产的市场价格为未来能产生的现金流，到期时间为距最后决策点的时间。相对于金融期权来说，如果今天的一项投资使投资者具有在未来进一步选择的权利而不是义务，那么这项投资就含有实物期权。与金融期权一样，实物期权的价值随着时间临近到期日而减少，随标的物价值波动性的增大而增加。这意味着当预测不确定性增加时，管理弹性具有较高的价值。

Amram 和 Kulatilaka（2001）指出，实物期权法是关于价值评估和战略决策制定的一种重要思维方法，并且这种方法正开始改变很多产业的"经济方程式"。实物期权的思维方法包括三个有用的组成部分。

第一，实物期权是或有决策（Contingent Decisions）。期权可以使决策者根据实际情况制定相应的决策。在决策时点，假如情况向好的方向发展，就做出一种决策，反之则做出另一种决策。与一般决策相比，或有决策的回报是非对称的，即决策的收益与不确定性不是线性关系：不确定性带给企业的正面影响被保留，负面影响被规避。拥有决策的权利可以大大改善投资项目的风险暴露，帮助投资者进行更有效的风险管理。

第二，实物期权估价与金融市场的估价是一致的。实物期权方法使用金融市场的输入量和相关概念，以为复杂类型的非金融资产进行定价。可以估计管理期权、内部的投资机会和交易机会（如合资、技术许可证、收购等）等投资机会的价值。

第三，实物期权思维方式能够用来设计和管理战略投资。非线性损益也可以作为一种设计工具，为战略投资管理服务。第一步要辨别和估价战略投资中的期权；第二步是为了更好地使用期权而重新设计投资；第三步是运用产生的期权来管理投资。

二、技术研发与实物期权

传统财务分析技术在对技术研发投资进行评估时，存在着较大的局限性。运用计算净现值（NPV）和其他现金流折现（DCF）的方法，主要局限在于无法体现技术研发投资的价值运动规律。在某些情况下，使用折现现金流的方法，其实是将原本积极的因素当作负面因素对待。在一个相对稳定的市场中，具有成熟的技术及其配套设施，运用传统财务分析技术可以较好地为项目发展潜力的评估提供充分的理论分析。然而，具有战略投资性质的技术研发，其特点及其运动规律具有自身的特殊性，其外部环境总是具有较大的不确定性。Miller 和 Park（2002）指出，当收益不确定时，NPV 方法难以适用于评价战略投资，他们还提出了 DCF 方法的三个主要缺陷：第一，难以选择恰当的折现率；第二，DCF 方法忽略了价值链信息更新时的决策柔性；第三，DCF 方法考虑立即投资或永不投资，没有考虑决策可以推迟。现金流量折现法在技术研发决策中的适用性存在问题。

事实上，现金流量折现假设投资计划是静止不变的，各项决策途径和相关概率已清楚确定，而没有考虑到技术研发投资决策中的各种不确定性因素，也没有将管理者可通过调整其未来决策、改变最终结果而产生的管理机会价值计算在内。现金流量法忽略或者说大大低估了技术研发投资中的灵活变动因素。

而实物期权法不仅承认这种灵活变动性具有价值，而且认为不确定性越大，期权的价值就越高。如果完全失去了这种不确定性，期权也就毫无价值。在使用现金流折现法时，通常把不断增加的不确定性当作负面因素。相对于稳定的、短期的投资，管理者们对具有较大不确定性的技术投资进行评估时，往往使用比前者更高的折现率。可见，现金流折现法的假设与结论对于技术研发投资的评估具有内在的矛盾和不适合性。

相对而言，实物期权法比较适合于对技术研发运行发展的解释，因为这种方法较好地体现了期权价值的特性：

（1）投资回报高度不对称。看涨可能性与看跌可能性之间相差越大，期权价值越高。

（2）未来收益和成本极不确定。总的来说，不确定性越大，管理决策的价值就越高。

（3）与未来的跟进投资相比，技术研发的初始投资比较小，这增加了灵活机动的优势。

（4）由于大多数的技术投资决策要经历几个阶段，或者需要做出一系列的决策，这创造出多种期权，也就同时增加了期权的价值。

（5）技术研发时间周期往往较长，这就提供了更多机会，从而提高了期权价值。

从决策行为模式角度分析，技术研发实物期权可分为以下几类：

（1）延迟期权（The Option to Defer）。延迟期权或称为等待期权，其价值来源于推迟投资，获得新的信息以减少不确定性。当产品的价格波动幅度较大或投资权的持续时间较长时，延迟期权的价值较大，若较早投资则意味着失去了等待的权利。

（2）规模改变期权（The Option to Change Scale）。由于存在管理柔性，决策者能根据市场条件而改变规模，项目可以收缩、扩张和集中于某些领域（Narrowed in Its Focus）。如果技术研发项目前景非常乐观，企业可以继续引入资金，扩大规模，从而追求更多的收益；前景不明又不至于退出时，企业可以收缩规模或集中于某些领域。

（3）转换期权（The Option to Switch）。在未来的时间内，项目的持有者有权在多种决策之间进行转换。由于项目投资的可变性，相应的转换期权蕴含于项目的初始设计之中。涵盖范围较广的研发允许企业在研发的突破点上进行转换，传统的投资决策工具很难处理这样的柔性投资策略。

（4）放弃期权（The Option to Abandon）。这是指在市场环境变差时提前结束项目的权利，这种实物期权相当于美式看跌期权。如果企业发现市场状况发生较大变化，技术研发项目的收入无法弥补变动成本时，有权变卖与研发项目有关的固定资产而结束项目，此时，企业持有以清算价格放弃的权利。该期权可以在从项目开始到项目结束之间的任意时间执行。

（5）复合期权（The Compound Option）。复合期权是期权的期权，本质上是一系列权利的嵌套，体现为一种多阶段序列决策的特性，这个特性使得多期复合期权在许多实物资产的定价和跨期战略投资策略的评估上有得天独厚的优势。实物复合期权模型不仅可以用作一种控制风险的投资模式，更可以用来准确地定价这些存在多期特性的投资项目和策略。复合期权具有两个特性：第一，执行期权链中任何一个期权的收益函数都是它所创造的后续期权的价值（减去获得使用下一个期权的执行成本）；第二，评估整个期权链价值的正确方法是从价值链上最后一个期权的最后可能行动开始，按照时间顺序向后计算直至评估到链上第一个期权的第一步行动为止（假定这第一步行动是当前的行动决策）（马如飞，2009）。

三、实物期权的定价

企业拥有专利权、技术秘密、自然资源开发权等专有权利，相当于一个投资机会。只有当预期使用这些权利开发产品后销售的现金流量超过开发成本时，企业才会投资开发生产，否则公司将不会投资开发。假设 E 为开发成本的现值，S 是预期现金流的现值，当 S > E 时，企业拥有专有权利的损益为 S − E；当 S ≤ E 时，企业拥有专有权利的损益为 0。可见此类专有权利带来的投资机会相当于购买了一个看涨期权，专有权利相当于期权标的资产，标的资产的现时价值 S 就是现在生产该产品的预期现金流的现值，开发产品的初始投资成本的现值即为买方期权的执行价格 E，期权的期限就是企业拥有专有权利的有效期 T。

这类实物性质的期权目前可能不产生现金流量，预测期内带来现金流量的或然性不得而知。因为看涨期权只有在其标的物价格高于执行价格时，期权持有人才可能执行期权，从而未来的现金流量具有极大的不确定性。如果在预测现金流量时运用了一个比目前企业状况决定的增长率更高的增长率来反映实物期权的附加现金流量，虽然符合现金流量折现模型的理论框架，但这个预计的增长率是主观的，并且把不确定的现金流量当作是预期的现金流量。因此不宜运用自由现金流量折现法评估企业持有专有权利的价值。

对此类实物期权性质的专有权利的价值评估，可以运用布莱克和斯科尔斯教授（1973）推导出的期权定价模型。模型公式为：

$$C = SN(d_1) - Ee^{-rT}N(d_2)$$

$$d_1 = [\ln(S/E) + (r + \sigma^2/2)T]/\sigma\sqrt{T}$$

$$d_2 = d_1 - \sigma\sqrt{T}$$

假设实物期权符合定价模型的假定条件，则式中 S 为期权标的资产现时价值，即专有权利预期现金流的现值，E 为期权标的资产执行价格，即专有权利开发成本的现值，S 和 E 可由相关预算得出。标的资产价值的方差 σ 可由判断各种市场状况可能出现的概率而估出，无风险利率 r 一般等于国债利率，T 为期权的期限，即企业拥有专有权利的有效期，N(d) 为对于给定变量 d，服从平均值为 0，标准差为 1 的标准正态分布 N(0，1)。将上述参数代入模型，可得到此类专有权利的价值 C（冯延超，2006）。

第五节　绩效评价理论

绩效评价（Performance Evaluation）是指运用一定的技术方法，采用特定的指标体系，依据统一的评价标准，按照一定的程序，通过定量、定性对比分析，对业绩和效益做出客观标准的综合判断，真实反映现实状况，预测未来发展前景的管理控制系统。

绩效评价的研究涉及许多学科，作为一种管理控制系统，如控制论成为它直接的理论基础，在绩效评价指标体系的建立过程中，有许多相关理论的研究成果值得借鉴。绩效评价本身是战略管理的子系统，它具有鲜明的战略导向性，因而绩效评价指标是为战略管理服务的。它的目的，首先在于量化战略目标，不但表达利益相关者对其利益的关注，而且还使得这种关注成为可以计量的明确目标；其次评价指标可以传递战略信号，将企业的战略目标准确而无歧义地传递给各级管理者和员工；最后引导企业资源分配，让人、财、物随着信息的传递流向实现战略的关键领域。

企业绩效是企业期望的结果，是企业为实现其目标而展现在不同层面上的有效输出。人是绩效的主体，产生绩效的结果与人的态度、知识、工作环境等因素密切相关。同时，由于理论界对绩效概念以及绩效评价标准等存在不同的理解，因而产生了不同的绩效评价模型和流派。

（1）行为绩效评价法。美国的坎贝尔是行为绩效论的主要代表人物，他认为绩效是与组织目标有关的、并且是可以根据个人能力进行评估的行动或行为。他设计的绩效评价模型主要包括五个基本维度：财政管理、人事管理、信息管理、领导目标管理、基础设施管理。他对因特定作业而产生组织成效的绩效行为与因其他方式而产生的组织成效的绩效行为进行了区分；其所指的作业绩效与为履行职责所从事的作业活动相关联，更多地渗透在组织所规定的角色行为里。他将绩效划分为八个方面：职务特定作业绩效、职务非特定作业绩效、写作和口头交流、努力、遵守纪律、为团体和同事提供便利、监督与领导、管理，并用这些因素描述所有职务的绩效结构。

（2）绩效产出评价法。伯纳丁等吸收了早期卡纳的成果，在1995年提出了绩效产出评价法。他们认为绩效是员工最终行为的结果，是员工行为过程的产出，强调产出结果的重要性。他们将绩效理解为任务的完成、目标的实现以及结果和产出等指标，认为个体执行作业活动的成效是员工作业绩效的主要变异来源，个体在知识能力上的差异更多地影响作业绩效，培训和经验对提高员工作业绩效有着直接的帮助。

在众多的绩效评价框架中，最有影响力的是平衡计分卡。平衡计分卡通过与组织的战略相连接提供了恰当的评价方法，可以给短期计划设定目标和分配资源，加强战略的沟通，促使部门、个人的目标与战略一致，报酬与绩效挂钩，给组织学习提供反馈。目前，有很多企业采用平衡计分卡，并被众多企业检验是有利于实现绩效评价整体目标的。

第四章 高科技企业 R&D 资金管控现状

在中南大学项目组（2007）的前期调研中，发现那些开展了 R&D 活动的高科技企业中，有相当一部分企业处于亏损状况。也就是说，这些企业进行的 R&D 活动并没有给企业带来实实在在的经济利益，或者从经济效益的角度说，R&D 活动并没有取得成功。一些企业虽然 R&D 投入较大，但并未形成必然的高回报，有许多企业是"项目成功，效益失败"。究其原因，是企业对 R&D 资金管控松懈，无科学规范的管控机制。在资金紧张的情况下不计成本的融资，投入资金时缺乏对资金的有效分配与控制，不对研发资金的使用效果进行绩效管理。特别是在研发资金的使用控制方面，许多企业不重视甚至不做预算；资金分配模式不合理，使研发人员的自主性与积极性不足，研发效率低下；在研发实施过程中缺乏任何实质性的阶段性管理，导致 R&D 投入失控；R&D 项目周期随意延长，经费不断追加；有的企业在 R&D 管理上采取一种非正常的管理方式，即将 R&D 过程看成一个"黑箱"，对"黑箱"内部运作状况不关心，也不做任何检查和控制。

即使在一些管理较为规范的高科技企业，其财务管理工作的重点也是放在新产品进入生产环节以后的阶段，而研发阶段被置于企业财务管理的中心之外。上述问题在研发活动很少的一般企业自然反映不明显，所以至今未引起人们足够的重视，但在 R&D 活动较多的高新技术企业却是十分严重，对研发资金管控失效现象是普遍存在的问题。而目前这种状况不仅使高新技术企业 R&D 绩效低，并由此对企业今后的技术研发活动投入造成了不利的影响。

第一节 融资管理现状

高科技企业从事的研究开发活动是高度智力密集和资金密集型产业，一个研发项目从构想、研制、设计、试验、中试、生产、产品商品化到最后的产业化，每道环节都需要巨额的资金投入。但高科技企业一般为轻资产企业，经营风险高、业绩不稳定，不能获得银行贷款的青睐。根据中南大学课题组（2007）向全国范围内 230 多家高科技企业进行研发资金来源的问卷调查，高新技术企业的研发资金主要依靠企业自筹资金，信用贷款、抵押贷款、发行企业债券等其他形式的资金来源比重比较小。

一、融资渠道单一

目前，我国企业 R&D 融资渠道单一，主要为企业创始股东投入的资本金和经营利润的再投资，即自有资金。由于企业创始股东一般为一些具备科技专业知识的专家人才，个人的经济实力不可能为企业提供大量的研发资本金。而高科技企业初创时期，需要巨额的前期投入，企业甚至还未产生相应的现金流入。即使取得的现金流入，扣除经营活动方面的开支后，企业往往很难获得足够的利润去支持研发活动。

对高科技企业巨额的研发投入来说，银行贷款的支持作用非常重要。但由于我国的金融行业高度管制和垄断，金融机构往往倾向于向大型国有企业提供大部分的信贷资源。而高科技企业大部分为中小企业，经营风险高、业绩不稳定，资产负债率、利润率等各项财务指标很难达到银行的放贷条件。同时，高科技企业一般是轻资产企业，有形实物资产少，很难有可以使用的抵押物，也无法从银行获得抵押、质押贷款。虽然有国家政策支持，银行的科技贷款额度逐年增加，但与高科技企业资金需求与发展速度不匹配，银行借贷现象越发明显。

直接融资主要包括直接发行股票融资、发行债券融资和其他交易市场融资等方式。由于我国资本市场的严格管制状态，股票发行从审批制到注册制遥遥无期，绝大多数高科技企业难以获得上市资格，不能直接从资本市场发行股票筹集到研发活动所需资金。对于发行债券融资，出于金融市场监管和维稳需要，政府对企业发行债券的限制条件更加严格。即使一些经济效益好、成长性高的企业也很难获得批准，更何况是经营风险比较大的高科技企业。另外从其他资本交易市场看，大多数为非证券化的产权交易市场，主要从事亏损的国有企业和微利企业整体转让业务，很少能够为高科技企业提供融资服务。

二、缺乏对融资期限、融资成本、融资方式的管理

正是由于高科技企业融资渠道单一，获得研发资金来源比较困难，导致其只要有机会获得资金，就不计成本进行融资，普遍患有"融资饥渴症"。但是不同的高科技企业、不同类型的 R&D 项目、项目的不同阶段对资金的需求特征是不同的，现实中有很多高科技企业无视企业和研发项目的特征，导致融资方式和R&D项目在资金使用期限、稳定性和风险程度等方面的结合不够紧密，造成了目前高科技企业融资效率欠佳、资金使用成本偏高。

三、风险投资额低、获得担保困难

近年来，风险投资对扶持高科技的发展起到了一定的作用，但风险投资机构数量少，风险投资基金规模小，风投资金来源单一，加上风险投资的退出机制不完善，使得我国风险投资业发展缓慢，不能满足高科技中小企业发展的需求。融资难问题还体现在担保困难上，高科技中小企业融资难导致了担保公司不愿为其融资提供担保，而担保难的问题又使其陷入融资难的困境。

第二节　资金使用的控制管理现状

南京大学会计系课题组曾在 2001 年对我国企业实行预算管理的现状组织了一次调查，调查结果显示，企业预算管理关注的重点仍局限在生产经营领域，一些大中型企业已逐步开始重视全面预算管理，但对于投资这样的重大项目还缺乏预算。

2007 年，中南大学课题组对涉及广东、湖南、河南等五省 230 家企业行了一次问卷调查，其中大多数企业调查问卷的发放通过事先联系，然后采用发送电子邮件或邮寄纸质问卷两种形式进行。被调查企业主要分布在信息技术行业、金属冶炼、医药行业、机械制造业、化学制造业，其中信息技术行业的企业所占比重接近 50%。调查的问题主要包括企业基本情况、研发项目性质、研发计划、研发风险控制与绩效评价、研发项目预算管理的组织结构、预算编制的主体、预算管理制度、预算编制的方法、预算基础信息的获取渠道、预算的调整、预算管理软件的使用等情况。最后共回收调查问卷 107 份，剔除其中信息缺失较严重的部分后，最终有效问卷 85 份。

通过对调查数据进行整理，其中主要一部分调查结果统计如表 4 - 1 和表 4 - 2 所示。

对上面的问卷调查结果进行统计分析，发现我国高科技企业对研发资金进行预算管理存在以下问题。

一、部分企业将研发投入视为特殊领域，不做预算管理

在 85 份有效问卷中，只有 56 家企业对研发项目进行了预算管理，即有

34.2%的企业未开展任何形式的研发预算管理,研发资金的使用处于失控状态。这么多企业不做研发预算,对研发过程中资金的规划和使用具有短期性和随意性,缺乏长远规划和统筹,未能从战略的高度把握研发,仍然把研发活动作为生产经营的辅助活动而不是企业价值创造中的基本活动。

表 4 – 1 研发预算编制情况

	是否编制预算		制定预算的部门			预算编制方法		
	是	否	研发部	财务部	其他	零基	弹性	其他
企业（家）	56	29	16	11	29	19	15	22
比例（%）	65	35	28.6	19.6	51.8	33.9	26.8	39.3
总体	85		56			56		

表 4 – 2 研发预算编制方法

	预算的调整		预算方法的适用性			制定预算的信息是否满足		是否采用管理软件	
	是	否	不适用	一般	适用	是	否	是	否
企业（家）	31	25	12	34	10	9	47	29	27
比例（%）	55.4	44.6	21.5	60.7	17.8	16.1	83.9	51.8	48.2
总体	56		56			56		56	

二、研发预算管理意识不强,对研发预算不重视

研发预算的编制部门,调查结果显示,有28.6%的企业是单独由研发部门制定的,近20%的企业是研发与财务两个部门共同制定预算,而超过50%的其他一类则包括多种情况,有的企业将研发预算编制工作单独交给财务部门完成,有的企业是在研发部门的基础上加入其他部门,如采购部门、生产部门、市场部门等,还有的企业则完全由管理层决定。由此可以看出,对于参与研发预算编制的部门,各企业没有统一的做法。

三、研发预算管理方法和手段落后

研发过程相对比较复杂,程序多,不确定性大,因此许多企业将其作为"黑箱"进行管理,没有很好地去寻找和总结其中的规律,甚至出现畏难情绪,干脆不去发现或忽视其与普通生产经营的差异性,因此也就很难寻找相适合的预算管理方法。在实施了预算管理的企业中,有约2/3的企业主要采用零基预算与弹性

预算两种方法，另外一部分企业所用方法较杂，或没有明确的预算方法。虽然这部分企业已经意识到研发预算的动态复杂性，并采用弹性或滚动预算对其进行管理，但通常只关注物质资源，未能考虑人力资源，也就是研发人员的重要性。研发人员是研发过程中最稀缺的资源，必须采取各种激励措施最大限度地发挥其自主性、创造性和积极性。因此，传统的预算管理方法和手段都忽视了这一点，研发预算中不适合采用。研发预算制定或开始执行以后，应该根据新的情况进行调整，但调查结果显示，对于这一问题有超过一半的企业没有进行调整，反映出很多企业对研发预算后期的干预较少。对于目前研发预算方法的适用性如何，除了17.8% 的企业反映适用以外，80.2% 的企业认为现有研发预算方法有缺陷，甚至是明显的不适用。

四、缺乏研发资金使用信息的收集整理

研发过程充斥着大量的信息，进行研发资金的预算管理，其实也是对信息进行管理，但有近 50% 的企业未采用专门的管理软件进行研发预算管理，由此反映出我国研发项目管理的信息化程度不高。许多高科技企业未能采用合理的方式收集和处理信息，信息自动化、集成化、综合化程度比较低，共享程度也低，从而导致信息的综合利用效果差，研发预算管理信息滞后。由此导致预算条件不足，超过 80% 的企业认为编制研发预算所需要的信息量严重不足（梁莱歆，2007）。

第三节　资金使用效果的评价现状

根据中南大学课题组（2007）向全国范围内 230 多家高科技企业进行的问卷调查，大部分企业认为研发投入具有高度的不确定性和随机性，如果对研发资金的使用效果进行业绩评价，没有实质上的意义。如果根据评价结果对研发人员实施相应的奖励惩罚机制，必将打击研发人员的积极性、主动性和创造性。因此目前大部分高科技企业不对研发资金的使用效果进行绩效管理，而目前这种状况不仅使高新技术企业 R&D 绩效低，并由此对企业今后的技术研发活动投入造成了不利的影响。

在开展研发投入绩效评价的企业中，往往根据学者的研究结果进行简单的评价。学者们往往从投入和产出角度构建企业研发绩效评价指标体系，虽然这些指标体系在具体指标的选择上有一定的差别，但大部分指标都相同，如研发人员

数、研发支出经费比例、人员培训支出比例、研发产品销售份额、研发产品销售收入、专利拥有增加数等。学者们提出并运用多种方法对企业研发绩效进行评价，分别是综合加权评价方法、投入产出比例法、参数法和非参数法四种。其中，常用的评价方法有数据包络分析评价方法、层次分析法、主成分分析法、模糊综合评价法、人工神经网络、灰色系统评价法、粗糙集理论等。但无论是理论还是实务，研发的绩效评价均存在以下问题。

一、绩效指标单一，选择的指标特别少，仅关注绩效指标的某一方面

因为财务指标具有易接受、数据容易取得等优点，是企业进行业绩评价的重要方面。在研发绩效评价时，新产品开发占营业收入的比例、成本节约率、研发利润率等财务指标备受关注。很多企业对研发资源投入的评价仍采用与其他资源投入一样的考核指标，这些方法忽视了研发活动的特殊工作性质，缺乏对研发活动工作内容和需求特点的深入了解。这些数据化的财务指标不能较好地体现企业的经营战略目标，不能反映企业研发经验的积累、能力的培养提高，不能体现研发人员的技术成果情况，因此不能完整地反映企业的研发绩效情况。

二、重视内部评价轻视外部评价

企业实施研发活动的目标和发展方向取决于市场和消费者的需求，研发工作是不能孤立进行的。企业内部的营销、生产、人力资源、财务等部门对研发活动进行支持有助于提高研发资源的配置率，提高研发绩效。但是企业的其他相关利益者如资本市场投资者、债权人、顾客、政府等外部人员对研发绩效的评价和反馈，更加客观和独立，更能反映企业研发的综合效果。目前，我国高科技企业的绩效评价往往只关注内部部门的评价，而忽视外部人员对研发活动的评价和反馈。

三、绩效评价方法主观落后

许多高科技企业在对研发绩效的考核过程中，没有充分结合研发活动的工作性质与特点，使用了比如自评、互评、上级主管打分、360 度反馈评价、末位淘汰制等强制方法，这种主观、刚性的评分和淘汰虽然能对研发科技人员形成压力激励，但同时也会增加研发人员的不公平、不安全感，降低研发人员对企业的忠诚度，不利于充分发挥其积极创造性。并且这种绩效评价方法、评价标准过于简单，考核结果存在极大的主观随意性，绩效考核很可能变成了某种暗箱操作，研发人员得不到工作结果的反馈信息，从而失去了绩效管理的真正作用，考核结果的可靠性难以得到保证。

四、混淆研发能力与研发绩效

研发绩效和研发能力是不同的，研发能力代表的是研发主体的一种素质和潜力，反映企业进行研发活动的条件和研发成功的可能性，侧重于研发资源的投入，实际上是对未来研发的效果进行预测。而研发绩效则表现为研发的成果和效率，反映了研发所带来的成果以及研发成果产出过程的效率，侧重于研发产出，实质上是对已进行的研发活动的归纳和总结。对研发能力的评价往往促使评价对象增加研发投入，改善研发条件从而提高研发活动成功的可能性。对研发绩效的评价，可使评价对象总结以前研发活动的成果和效率状况，在促使其改善研发条件的同时，更加重视资源的优化配置，发挥人力资源的积极主动性，提高研发成果的产出效率。科学合理的研发绩效评价还将对研发能力的资源配置和战略决策产生反作用，从而对研发能力的提升起到引导和激励作用。可见，研发能力和研发绩效是两个不同的概念，偏重于评价研发能力，或将两者混淆都是不恰当的。

第五章 高科技企业研发资金融资管理

高科技企业的 R&D 项目必须以一定量资金的投入为前提，而且在研发活动进展过程中的每个阶段都离不开资金的支持，由于不同类型的高科技企业研发项目有着不同的特征，对资金的需求也有着不同的特点，所以高科技企业 R&D 项目自身的特性决定了企业取得资金方式的不同以及难易程度的差异。撇开项目特征讨论的融资难免有些空泛，将导致融资方式和 R&D 项目在资金使用期限、稳定性和风险程度等方面的配比失衡，从而使融资效率低下、资金使用成本偏高。高科技企业应该结合本企业 R&D 项目的特征，在对各种融资渠道和方式进行分析的基础上，充分考虑到企业的盈利能力、行业特征、融资风险和融资成本及企业融资的资源优势等因素。只有合理选择融资模式、融资规模、融资期限等，才能最大限度地保证研发项目得到持续的资金供应，同时降低资金使用成本和融资风险。

第一节 R&D 资金需求特点

高科技企业项目融资是指高科技项目的发起人（或企业）为使高科技项目从创意、开发和立项开始，到项目的产业化和商业化的过程中，借助高科技项目本身的特点优势，从不同的资金渠道筹措项目所需资金的活动过程。与其他的企业项目融资相比，高科技企业项目融资又有自己独特的特性。

一、巨额的资金需求

高科技项目是高度智力和资金密集型产业，从构想、研制、设计、试验、中试、生产、产品商品化到产业化，每道环节都需要巨额的资金注入，特别是前期的投入可能就是"烧钱"行为。一个研发项目的资金需求动辄几百万元，甚至数百亿元，所需的大量资金数额成为 R&D 项目融资的特点之一，因此资金状况成为约束高科技企业发展的关键因素。

二、高度不确定性

由于高科技企业从事的是探索和创新活动，无论在创意的提出、研究、中试阶段，还是在产业化阶段，人们对其都有一个逐步的认知过程。另外，高科技产品的时效性强，技术生命周期短，各种资源（如人员、资本、信息等）流动性较大，导致高科技企业的未来前景充满不确定性，每个阶段存在着不同的技术风险、经营风险和管理风险。有关资料显示，10 年内约有 25% 的高科技项目由于种种原因不复存在，项目存活率大约只有 75%。高风险的特点决定了高科技项目的融资渠道狭窄，融资难度加剧。

三、周期性

高科技企业的产生和发展存在明显的生命周期，这种生命周期一般包括种子期、创立期、扩张期和成熟期四个阶段。高科技企业对资金的需求具有明显与其生命周期一致的阶段性特征。高新技术企业研发活动对资金的需求的阶段特性与高科技企业的生命周期是一致的。据专家统计，美国高新技术企业各阶段的资金需求大致为：种子期一般为 50 万～100 万美元；创立期一般为 50 万～250 万美元；扩张期一般为 200 万～3000 万美元；成熟期一般为 3000 万美元以上。从中可以看出，在生命周期的不同阶段，对资金需求的数量不同，并呈现出逐期递增的趋势。另外，高科技企业 R&D 对资金需求的阶段特性与 R&D 三项活动即基础研究、应用研究和技术开发相一致，三项活动对资金的需求数量与企业生命周期一致，也呈现出逐期递增的趋势。

四、轮续性

轮续性则体现在整个 R&D 过程需要长时期的持续的资金投入，为了保持技术上的领先，需要大量的后续投入，投入的停止意味着原有技术的过时和落后从而造成企业竞争力的丧失，并且前期产生的所有成果将会贬值。

第二节　R&D 项目资金融资策略

一、R&D 项目融资策略

融资策略是在保证资金能够充足供应的条件下使融资风险最小化，而融资风险除了与宏观经济因素有关外，还与融资者的信用以及融资项目的风险相联系。此外，企业的总体融资风险还与其资本结构，即债务式融资和权益式融资的比例有关，所以企业应适量举债，应当适度有效地利用财务杠杆。资本市场上的不同投资者对风险的偏好是不一样的，金融机构更是如此。因其资金来源各异，金融机构必须考虑资金来源与资金投向在稳定性以及期限等方面的匹配，而高新技术企业 R&D 项目不同以及 R&D 项目在不同的发展阶段，其风险是完全不同的。所以，高新技术企业为不同类型的 R&D 项目应该选择不同的融资策略。高科技企业 R&D 项目融资的策略选择具体来说可以从以下四个方面阐述。

（一）阶段性融资策略

高科技企业 R&D 项目在不同阶段由于风险大小，资金需要量大小以及所面临的融资环境是不相同的，因而具有不同的融资策略。决策者应根据企业融资的理论基础，注重 R&D 项目资金需求的阶段性和轮序性融资特点，及时调整具体的融资方式。首先在 R&D 项目初期（研究阶段），由于技术风险大，R&D 产品无获利能力等条件的限制，应以内源融资为主。在 R&D 项目中期（试验阶段），技术风险得到一定释放，产品的预期收益还不确定，应以股权融资为主，风险投资成为资金提供的主体。而在 R&D 后期（开发阶段），技术风险大大降低，产品的市场前景大为明朗，融资方式的选择可以多样化。阶段性融资策略对于研发周期较长的 R&D 项目都可以采用。

（二）信用融资策略

无论是传统融资理论 MM 理论及其修正理论，还是权衡理论和新融资优序理论，都将债务融资放在企业融资理论策略选择的优先位置上，认为负债具有节税效应。信用融资策略是融资方为了企业产品占领市场或扩大生产规模，从金融机构、非金融机构或其他企业融进资金，增加其负债而设计的融资策略。对于技术风险相对较小、投资风险已部分释放的 R&D 项目，采用信用融资策略。对改进研发项目而言，当产品进入市场且有一定的现金流时，此融资策略应是最佳策略。因为当高科技企业 R&D 产品能较为容易地转化为货币资本（此时货币资本已包含产品增加的价值）时，既能够及时支付债务利息又使得债务资本的节税效应得到发挥，因此应作为优选。并且通过与信用融资策略与资本供应方建立良好的融资关系，争取到更好的信用形象，从而减少交易成本，同时也为再融资创造了良好的环境。

（三）联合融资策略

R&D 项目由于技术风险大、投入高、周期长，其融资的高风险性与商业银行经营的三性原则相违背。同时，由于风险投资难以接受 R&D 成果的不确定性较高，难以融到资金，或是融资成本过高。因此可以与 R&D 方向相同的企业机构等结成融资联盟甚至 R&D 联盟，共同解决融资问题。联合融资策略同时可以实现技术上的联合，减少不必要的重复研究。此外，融资方为了技术的研究开发需要，可以从社会自然人中吸收合伙人，融进股本、管理及其他服务，从而增大所有者权益而实现资本联合。在基础研发资金最困难时期，此策略可以作为优选。

（四）无偿性融资策略

无偿性融资策略指融资方为了项目的研究发展需要，从政府机构以及企业本身融入研究开发资金，增加项目投入、增加资本金而设计的融资策略。鉴于资金使用的无偿性，高科技企业对基础研发以及研发初期都可以采用无偿融资策略。为了解决高科技企业融资困难问题，我国各级政府均以财政拨款的方式设立了各种形式的科技发展基金、研发基金、投资基金，不同基金的操作办法各有特色，扶持领域和地域也各有不同，但其宗旨都是扶持科技型企业 R&D 项目的发展。其中最有代表性的是由国务院批准，科技部操作的科技型中小企业技术研发基金，它是一项专门用于鼓励、培育、支持和促进科技型中小企业技术研发项目的政府专用基金。研发基金以技术研发项目为对象，以市场为导向，重点支持技术的第一次商品化过程，重点支持种子期项目和初创期企业（孟志华，2007）。

二、改进研发与创新研发的融资策略选择

高科技企业的研发项目由于信息的不对称等障碍，面临着很多的不确定性，因此在融资策略的选择上，应考虑进行融资策略组合。即高科技企业在进行研发项目融资时将两种或两种以上的融资策略组合在一起，融资时同时出击，最大限度地获得融资机会。通过融资方案组合，目的是降低交易费用，提高交易效率，迅速完成资源的配置与组合，获得较佳的资本结构。

R&D 活动按照研究与开发的性质有三种基本类型：改进研发；创新研发；基础研发。基础研发是进入未知领域的科学技术研究，主要是获得关于现象和可观察事实的基本原理而进行的实验性或理论性工作。创新研发根据基础研究的成果以及市场的需要，运用新材料，采用新设计开发以满足市场与客户需求的新产品，其本质是满足需求创造新的可应用的新产品、新药剂、新软件等。而改进研发是为了降低生产制造成本，采用新的知识与技术，追求用经济的方法改进现有产品的生产与制造工艺，从而降低生产制造成本的研究，目的是在技术上实现一个小的进步。

企业一般不从事基础性的研发活动，这类研发活动主要由政府科研部门担任。对于改进研发活动，由于最终产品的市场前景明朗，发展潜力已得到企业和社会各方的认可；此类 R&D 活动技术风险小，需要在短时间内筹集到大量的资

金，以实现产品的市场化，这些特点决定了其采用的融资策略应为信用融资策略。这种融资策略将债务融资放在融资方式选择的首位，着眼于债务融资的节税效应。同时根据改进研发的资金需求特点可以看出，满足改进研发所需的资金应该着重于短期资金的利用。

融资方式的优选，是对资金的可获得性、使用成本、使用期限以及融资风险等因素加以比较和选择，力求以最经济的成本筹措适量的资金。R&D 项目的类别不同，风险不同，对上述因素考虑的侧重点也有所不同。由于改进研发技术风险较小，市场前景较为明朗，对于金融机构而言，企业面临的风险较小，信用等级也较高，因而可供选择的融资渠道也较多。在上述因素中，一般将最低资金成本作为融资方式有限的基本条件。在信用融资策略的指导下，融资方式可以采用传统的商业银行贷款，商业信用以及发行短期融资券等，合理举债也可以优化企业的资本结构。

但是创新研发过程不同于改进研发，创新研发包含着更多的技术风险，实际的成本效益很难确定。创新研发的资金需要量是改进研发资金的数倍，并且创新研发的资金投入具有阶段性和持续性的特征，资金需要以长期资金为主，需要多种融资方式的配合来解决。由于 R&D 成功之后能够得到丰厚的利润，创新研发受到了追求高收益、高风险的风险资本的青睐。

鉴于创新研发活动周期长，阶段性明显的特征，其首选的融资策略是阶段性融资策略，并在 R&D 活动后期辅以信用融资策略以尽可能地降低融资成本。在创新研发过程中，不同阶段 R&D 的技术难度不同，所面临的融资环境也不同。根据阶段性融资策略，应在不同的阶段选择合适的融资方式。由于研发初期技术风险较大，不确定性因素较多，可以采用无偿性融资策略，争取政府资助。创新研发活动在 R&D 后期，产品占领市场，市场及其市场前景如何已经明朗，随着技术风险的释放，投资的风险已部分释放。此时，高科技项目的产品如果被社会认可且具有潜力和前景，其扩大再生产的资金来源适合采用信用融资策略，着眼于风险投资和资本市场筹得所需资金。根据创新研发活动的风险特征及其对融资模式研发的需求，本书认为创新研发的融资模式应该是以 R&D 项目为主体，以政府基金为基础，以风险投资为动力，以资本市场为源泉的四元融资模式（孟志华，2007）。

三、研发各阶段的融资策略

创新研发资金需求量大，并且 R&D 周期长，因此对研发的融资方式选择应该着眼于来源较为稳定的长期资金。研发项目从立项开始，大致经历了基础研究阶段、试验研究阶段和开发研究阶段，按阶段对融资策略的选择如下。

（一）基础研究阶段

在基础研究阶段，研发的技术风险较大，获得外源融资的机会不高，项目前期通过负债的形式取得资金相当困难，因此企业的内源融资是这一阶段重要的资金来源。为了支撑研发项目的基础研究，需要企业自己的留存收益或者主要股东增资。此外，中国各级政府都对研发活动有较大的财政专项资金支持，其主要目的是扶持高科技企业研发项目的进行，鼓励创新，因为其无偿性的特点，故其成本低、财务风险较小。政府资助成为创新研发项目基础研究阶段有效的融资方式之一。

鉴于创新研发高风险、高收益的特点，引入风险投资也是比较理想的融资方式。目前，各类风险投资机构众多，特别对于高新项目的研发有较大的投资热情。创新研发技术风险大，资金需求量大，在产品研发过程中，R&D 主体独立进行融资，需要承担融资成本高，融资时间长，信息费用高，人力资源成本上升等一系列 R&D 成本上升的风险。如果能寻求同行业的战略投资者，通过出让产权不仅可获得源源不断的现金流，而且以此方式获得资金时间短，融资成本低。研发主体可从总体上降低继续研发的成本以及新产品市场化的风险，推动研发资金的良性循环。

（二）试验研究阶段

在基础研究阶段投资 R&D 项目的风险投资者，随着 R&D 项目技术风险的逐步释放，收益前景逐渐明朗，将会吸引到更多追加的风险投资。此外，从资本市场通过期权融资、保险融资、知识产权融资等方式融资也可以在此阶段采用。

期权融资。期权是一种买入资产或卖出资产的权利，是期权的卖方在收到一定的费用之后，承诺给期权的买方在一个特定的期限内或特定的到期日以特定价格卖给期权的买方一定数量相关标的资产的权利而非义务的合约。创新研发过程中，即将产生的研究成果可以成为期权买卖的标的资产，诸如在某一药物研发过程中，对期望能够产生的新药专利成果的项目以期权的形式进行融资。风险投资者可以购买这一项目的产品权和专利权的买入期权，随着研发过程的推进，期权的履约价格不断升高，R&D 项目能够获得的资金也相应增多。

保险融资。发行 R&D 债券投保如同举债保险，主要方式为由某家保险公司提供风险和收益承担，如个人买进收益率为 8% 的 R&D 债券，承担研发试验成功或者失败的后果均为 50%，以实现企业的 R&D 风险、收益与券商人以及社会成员共同负担。保险公司所起的作用类似于风险资本家，通过对 R&D 活动开展保险业务，获得高额的风险收益率。为研发风险提供保险这类业务的产生，将会成为一种与股票、债券和商品并驾齐驱的新保险品种。

在这一阶段，企业还可以使用衔接融资，即使用介于债务融资和普通股融资之间的资本，它可以是可赎回优先股，但大多数是以附属债务的形式出现，带有包含认股权或可转换成普通股性质的酬金性质。它通常是无担保的，有固定利息，期限为 5～10 年。

（三）开发研究阶段

在此阶段，R&D 产品的技术风险基本已经释放，但需要比前期更多的资金满足 R&D 后期的设备、材料以及人力资本的支出。因此，一方面，资金需要量大是这一阶段资金需求的最大特征；另一方面，产品市场前景的明朗也改善了融资条件，借助资金充裕的资本市场，融资渠道得到了拓宽。在信用融资策略的指导下可以利用成本低廉、灵活性强的商业信用，并争取金融机构的长短期贷款以及发行债券。发行债券不仅可以筹集大笔资金，还便于项目企业调整资本结构，以保持长期融资能力。因此，符合债券发行条件的高科技企业应将债券融资作为开发研究阶段融通资金的主要方式，政府在债券融资过程中具有制度监督的作用。而此阶段 R&D 的技术风险得到了很大程度的释放，并得到了可抵押的无形资产成果，信用得到提高，各种风险大幅度降低，因而许多金融结构愿意提供债务融资，债务融资的成本相应大幅度降低，为企业大量利用债务融资提供了可能。

由于开发阶段资金需求量很大，如此大规模的资金需求难以完全通过负债满足，负债在给企业带来财务杠杆利益的同时也产生了高财务风险。为避免企业财务困境，企业开始考虑为上市计划做准备，在有一定的技术成果产出之后，可以申请到较长时间的专利保护，这成为研发项目上市融资的一个有力砝码。上市不仅是 R&D 项目融资的一种途径，而且也是风险投资者收回投资、实现收益的出口（孟志华，2007）。

第三节　基于企业生命周期的 R&D 资金融资

一般而言，企业的生命周期可以分为四个阶段：种子期、成长期、成熟期、衰退期。高科技企业的生命周期与传统企业相比，周期明显缩短，成长快、衰亡更快。高科技企业与其他类型企业的生命周期形态有所不同，各阶段所面临的主要困难不一样，融资方式也大不相同。

（一）种子期

种子期的企业往往指创业者仅有某一想法或技术尚处于实验室阶段，这一阶段企业的主要活动是论证技术和商业化的可行性，并进行前期的市场调研、寻求合作者、制定市场计划等。在此阶段，由于企业未来的发展存在着巨大的不确定性，从外部市场获得资金支持非常困难。在种子期内，对研发资金的需求量一般不大，往往来自创业者及其合伙人的自有资本、亲友借款、企业内部集资。当然一部分企业也可以获得天使投资、创业投资基金、企业的无偿援助和政府扶持资金（如技术开发研发基金的支持）。西方发达国家政府通过财政拨款建立了专项研发基金缓解科技型企业创业早期的资金短缺问题，我国于1999年启动了"科技型中小企业技术研发基金"，通过无偿拨款和贷款贴息两种方式支持科技型中小企业的发展。

（二）成长期

处于成长期前期的企业有部分营业收入，但远不能满足资金需求，同时由于制度的不规范和风险较大，企业进行外部融资较为困难，此时企业的融资渠道依然是股东追加投资、企业留存收益、内部集资、政府资助等方式。另外，该阶段高科技企业的前景已初露端倪，是风险投资最青睐的阶段，企业应适当宣传自己的前景，争取风险投资的支持，从而快速发展。

在成长的后期阶段，各种不确定因素逐渐减少，高科技企业成为追捧对象，风险投资家、银行、证券市场都主动向高科技企业慷慨解囊。企业通过高科技的高效益，获得了一定的自我积累。同时由于高科技企业高效益的前景，往往使得企业进行股权融资变容易，企业可以吸收风险投资、私募股权及私人投资者入股，同时可以在中国香港、新加坡、美国和中国深圳的创业板上市进行直接融资。而债务融资方面，由于不确定因素的减少，银行贷款已经成为可能，且企业间的商业信用也逐渐为成长期企业所使用。

（三）成熟期

成熟期企业已经完成了某项技术的产业化，企业规模和利润大幅扩大并趋于稳定，经营日趋规范，企业声誉逐步建立起来，核心竞争力已经形成，技术、财务和市场风险相比前三个阶段已经大大降低，融资承担能力增强，而主要面临转型风险，如开发新技术、企业多元化等。

该阶段，企业一方面可向投资者展现发展前景，另一方面拥有足够的业绩记录和资产以提升自己的信用，这时通过公开市场发行股票能为广大投资者接受，银行也愿意提供长期借款，且一般会获得银行的融资授信。虽然风险资本一般会在该阶段通过上市或管理层收购等方式退出，但不会影响企业的资金。因此，该阶段高科技企业一般应采取以股权融资、债务融资为主，财政支持、自有资金为辅的融资模式，以实现企业的成功转型。

（四）衰退期

这个阶段面对新技术、新产品的挑战，企业市场份额逐渐下降。有些企业取得重大技术研发和突破，使得企业重焕生机；有些企业则只能并购重组或破产清算。对于进行二次创业的企业，除了靠压缩成本外，也同样需要从外部融资，此时可以通过一些特殊的融资方式如：资产变现、资产证券化、并购重组等进行融资。

第四节　研发资金融资管控制度

R&D 资金融资的特殊性，决定了高科技企业需要构建一套能保障企业快速筹集资金，支持研发活动顺利进行的管理制度，以规范企业研发过程中的融资行为，合理安排资金，降低资金成本，减少融资风险。

一、加强企业信用体系建设，金融机构与风投机构

高新技术企业资本不足是信用不足的基础性原因，高新技术企业普遍固定资产的价值比重较小，无形资产所占的比重要大于其他企业，而无形资产价值的准确计量在现实条件下还存在着技术上的障碍。在信用先天不足的短板下，如何吸引金融机构和风投机构相信自己，要从自身素质上做文章。要化解双方的信息不对称状态，高科技企业要规范和完善企业财务规章制度，定期提供全面、准确的财务信息，做到规范发展，产权清晰，提高自身资信等级，创造条件使企业在硬件上更多的符合银行贷款条件。成熟的企业财务风险管理、完善的财务指标体系，以战略和盈利模式为基础进行 R&D 项目的财务预测，提出合理的融资金额和融资计划，完整、清晰地阐述公司的发展战略和盈利模式，是吸引风险资本的一个重要条件。另外，高新技术企业经营者要加强金融法规的学习，尤其是在转轨建制过程中，要充分尊重债权人、风投者的权益，真正在社会上树立起守信用、重履约的良好形象。高科技企业必须从各方面入手，加强企业自身的形用建设，从而提升自己的融资地位，促进企业更好的发展。

二、加强融资的可行性研究，讲求资金使用的经济效益

融资的本质特征是偿还性，融入资金后必须按时回流，资金的及时回流，从根本上取决于企业和开发项目的可行性和经济效益，R&D 项目虽然具有极高的回报，但同时也因其存在诸多的不确定性而带来高风险。因此，研发项目融资必须采用科学的决策方法，充分考虑影响决策的各种因素，利用净现值、现值指数、内含报酬率等指标，采用定量计算及分析方法，预测和分析 R&D 项目的可

行性及经济效益，评估资金的可收回性，降低决策失败风险。

三、适度融资，提高融资效率

R&D 项目的高投入性需要融入大量资金，资金不足将导致研发失败或影响生产经营活动，但融入资金过多则造成不必要的积压和浪费，降低企业资金配置效率，增加财务风险。因此，企业应依据对 R&D 或生产活动的资金需求预测和现有可用资金，适度融资，减小融资风险。企业在确定融资规模的基础上，为了降低融资成本，提高资金配置效益，应根据资金的不同用途，采用不同渠道，融入性质不同的资金的前提条件下，考虑不同融资方式的资本成本，尽量以最低融资成本解决资金需求。

四、债务期限与资产期限相匹配，确定合理融资结构

利用负债提高自有资本的收益率，是一种有效的财务手段，然而研发项目融资与负债经营的风险也是客观存在的。不同 R&D 项目的技术难度不同，收益不同，可取得资金来源也呈现出很大的差异。企业应根据研发项目的类型和所处阶段，考虑企业现有资金以及未来的财务收支状况，选择使综合资金成本最低的融资组合，确定负债规模与结构。同时，企业应按投资项目资产期限的长短安排和筹集相应期限的债务资金，动态地平衡短期、中期与长期负债比率，合理安排各种债务的到期时间，避免因短期续借增加公司的融资成本，或在无法获得新增现金流量的情况下继续负债，增加融资风险。在控制融资风险的同时，发挥负债的财务杠杆效应。在任何一次融资过程中都要注意保持继续融资的能力，做到长短期资金、债务资金和自由资金的有机结合，兼顾从长远利益、当前利益的角度规避和降低风险，增加后续投资机会的融资空间，为企业的不断发展打下基础。

五、建立融资预测、监控与评价制度

高科技企业应认真研究资金市场的供求情况，预测利率走势并结合项目的资金需要情况借以确定融资期限和融资时机，降低财务上的利率风险。高科技企业及财务人员要了解现行政策，采用合法手段融入资金，同时对政策变化要有一定的预见能力，防止国家政策变化给企业融资带来不利影响，对有利于企业融资和有助于降低融资成本的政策要用活用足。

为确保企业资金按计划预算适当收支，提高资金运用效率，降低财务风险，企业应实时控制融资的规模、结构、期限以及具体的进度到位情况，与预算规定相符。分阶段对 R&D 项目的实际开支与预算相比较，进行定期、不定期的审核，

并着重分析超支的原因。企业还应将项目调研、开发、论证等责任落实到人。项目在经营中出现的前期评估错误以及经营不善的问题，项目经理应负一定的具体责任，要涉及人事考核及激励制度。这样，通过对资金使用的过程监控及融资效果的评价以提高资金使用效益，最大限度地减小融资风险，改善企业持续融资环境（孟志华，2007）。

第六章 基于价值链的
R&D 资金预算管控

R&D 过程是一个复杂的系统过程，也是一个将 R&D 投入经过系统研究开发后转变为产出的过程，这既是一个企业各部门之间协作的过程，也是企业对自身资源的管理和控制的过程。预算控制作为一种重要的资源管控手段，能够提高企业 R&D 活动价值管理的科学性，提高 R&D 资金的运用效率，通过资金的有效管理和控制，增强 R&D 的成功率。

研发活动对于有效使用资源关系重大，但现实中的企业并未充分认识到这一点。长期以来，比较于生产、购销等企业经营活动的管理，研发的预算管理相对较弱。在对我国企业研发管理现状实施问卷调查的基础上，中南大学课题组选择一部分高科技企业就一些较深入的问题进行了访谈，主要是了解企业研发活动中的价值管理情况，并把调查的重点集中在企业研发不成功项目所涉及的管理行为方面。对于研发不成功的界定，包括两种类型：一是研发的产品（技术）未到达市场；二是研发的产品（技术）虽进入市场但未获得必要的投资收益。调查结果显示，研发失败项目中非技术因素比重近30%。

具体原因有多方面，但其中的无效耗用资源现象比较普遍，概括而言有三种类型具有代表性：①研发项目与同行的研发冲突。研发投入后，结果发现该项目与另一企业相冲突，而本企业项目在质量、成本上不具有优势。②项目投入与市场价值冲突。新产品技术开发成功，然而成本过高，价格不能为市场所接受，投资无法收回。③项目缺乏独特性，多项目抢占资源。企业同时进行多项目的研发时，有些项目之间并不存在完全的差异性和独特性，而是有着明显的相似性，导致单独项目的开发价值不大却挤占了企业资源，由此而影响其他项目的开发。

上述现象同属于项目占用了资源却未能产生预期经济效益，这些问题及其原因已不是以往所关注的研发资金不足的问题，而是企业投入了但却是无效投入，一些产品在进入市场之前就已经注定失败的命运。为什么会出现这一类现象？有人回答是研发决策的错误。没错，但这并不是一个完整的答案。与研发决策同步的是企业资源配置和控制的决策，本书认为，研发环节的资源配置和管理更是值得高度关注的核心问题。

如何有效利用企业有限的资源，包括预算管理在内的各种方法被企业所采用，然而长期以来，人们总是把眼光集中在生产与销售环节的预算管理上，研发环节的预算管理往往被忽略。近年来，发达国家开始重视对研发预算管理的研究，以 Cooper 为代表的一些学者对研发项目的组合管理及其资源配置进行了系统的研究，产生了很多有价值的研究成果，比如基于价值最大化、平衡和战略一致性三个目标的研发组合管理。Dunk 和 Kilgore 考察了高层管理者对企业研发预算的影响，他们发现企业的年度研发预算总额与企业的财务环境、预算目标对管理者的重要程度、管理者对研发表现的估值等因素有着显著关系。这些研究虽然对研发资金管理做了有意义的探讨，但并不能为解决上述问题提供一个好的思路。本书将价值链思想引入研发预算管理，通过对价值链思想指导下的研发预算模式的探讨，为提高企业资源的科学配置与研发资源的利用效率，从研发资金的预算管理控制中找到一条有效的途径。

第一节　价值链思想与研发预算管理的结合

企业价值概念是现代管理学的核心概念之一，创造价值是企业的经营目标。以价值管理为重心，一切管理活动围绕价值创造而展开，而价值管理思想如何结合到具体的管理活动之中？对此，价值链思想的出现为我们提供了有意义的思路。价值链思想最早由美国学者迈克尔·波特提出，根据波特的基本理论，每一个企业都是用来进行设计、生产、营销、交货以及对产品起辅助作用的各种活动的集合。所有这些活动都可以用价值链表示。他认为价值链是用来分析企业的竞争优势的基本工具，并把企业的价值活动分为直接创造价值的基本活动与间接创造价值的辅助活动两大类。

John Shank 和 Vijay Govindarajan 对价值链的描述拓展到整个行业。他们认为，任何企业都应该将自身的价值链放入整个行业的价值链去审视。价值链管理是一种集成的管理思想和方法，它注重企业间的合作与整个价值链的效率，完成从供应商到最终用户的物流计划和控制以及资源的重新分配等职能。由此可见，价值链思想已经上升为一种管理的方法体系。此后，Rayport 和 Sviokla 提出了开发虚拟价值链的观点，即由信息构成的虚拟世界中存在的价值链。虚拟价值链强调了信息与客户对于价值链的意义。

上述学者的研究为价值链思想在管理中的运用提供了多视角。我国会计学家阎达五把价值链思想引入会计领域，为会计管理思想与管理方法的发展开辟了一条新的通道。近几年，我国会计界围绕价值链会计的相关理论以及方法体系进行了许多有益的探索。价值链理论强调要遵循价值链关系以开展企业的各项活动，而企业价值活动的起点正是研发，是研发决策的制定决定了企业价值链的具体形式以及企业创造价值的高低，企业的各项价值活动之间存在着很强的关联性。事实上，比较于其他生产环节，价值链思想在研发预算管理中的意义更为重要。研发项目一旦确定（研发成功），就对其后续生产环节形成了决定性的影响。就价值的形成而言，一方面，在研发设计环节决定了该产品的投入成本，包括材料耗用的类型和数量、生产所需人力、销售及服务支出（售后服务）等；另一方面，项目研发阶段所投入的成本也会对最终产品的市场价值产生影响。这些都表现为以研发为起点的价值链关系，可以说，研发对于新产品的市场实现有着重要的价值决定影响。

企业的经营活动主要涉及三条价值链：纵向价值链、横向价值链与内部价值链。由于研发环节的价值决定影响作用的存在，使这三条价值链与研发紧密相关。

一、纵向价值链中的研发预算关系

纵向价值链是连接企业与供应商、顾客的价值链。在任何一个行业或生产领域内都存在着由客观的经济关系与生产活动联系所决定的价值链关系，每一个企业在这一价值链上充当着不同的角色，同时在价值链中选择最具有竞争力的环节，获得专业化的竞争优势。但企业必须根据自身的技术与经营实力来确定在价值链中所处的位置，这直接关系到企业对研发项目的选择及其决策。

由于企业在纵向价值链上角色的确定而决定了与上下游企业之间的价值关系，这种关系成为企业预算必须考虑的重要因素。研发预算管理的纵向价值链是预算管理视野扩大的真正体现，将企业与上下游的联系及其影响纳入预算管理中，通过预算将这种外部价值约束予以量化，以增强企业的经营与环境控制能力。在这一价值链中，企业必须考虑价值链利益最大化和企业利益最大化的关系以及对预算目标的影响。

纵向价值链实际上是一个利益相关的整体，链上各企业的盈利归根结底是整个价值链利益分配的结果。另外，企业追求自身价值增值最大化的管理目标并没有因纵向价值链利益联盟的形成而改变，企业总希望以尽可能少的资源投入而生产出产品，然后获取尽量多的回报。产品成本的高低很大程度上由研发设计阶段所决定，并对新产品的价值实现及企业的期望收益产生直接影响。但是，制定研发决策及其预算目标时不能简单地追求企业自身的投入产出效益最大。因为，从纵向价值链的价值流动看，价值从最终客户经由若干企业向上游企业流动，并在各链上企业之间进行分配，单个企业不可能独享最大份额，会受到上下游企业对自身利益追求的约束。因而需要结合来自纵向价值链的各种约束因素制定企业的研发投资目标，寻找均衡点。预算作为资源配置，是实现企业目标的重要手段，而研发预算是把握好资源配置的首要环节。

二、横向价值链中的研发预算关系

横向价值链是企业与行业内竞争对手之间的联系，这种联系作用的结果能够决定产业内部各企业之间的相对竞争地位。而竞争战略分为低成本和差异化两种，二者均对企业研发提出了具有战略性的要求，企业究竟应采取哪一种竞争战略，一方面要根据企业的技术与生产经营特点把握价值链的优势，另一方面要仔细观察竞争对手的价值链，通过价值链分析制定企业战略与具体的研发目标，以战略指导研发预算。以低成本或差异化为目标的研发，要在研发中使新产品的性能、外观、质量以及成本等方面达到预期的目标，而通过预算的资源配置，使企业能以合理的性价比获得自身的竞争优势。

三、内部价值链与研发预算

内部价值链是企业在整个生产经营活动过程中为创造价值所发生的基础活动与相关的辅助活动及其关系。企业的价值创造是通过一系列活动构成的，不同的企业其各种活动比例关系有所不同。高科技企业呈现哑铃型结构，研发一端直接承担了价值创造的功能，是产品的重要增值环节，且很多高科技企业的生产和研发职能已经融合。因此，研发是企业价值链的始端和核心。同时，研发活动对后续生产、营销、服务等活动的价值和成本产生着直接影响，而后续各环节的信息又反过来影响研发方案的制定以及研发活动的效果。因此，研发预算的编制不仅要考虑研发过程的各项活动，同时还应考虑研发项目价值实现的全过程，考虑后续价值链环节的成本，如生产成本、服务成本的最低化，从而实现整个价值链上的成本最低和企业价值增值的最大化。

横向价值链、纵向价值链和内部价值链是基于价值链研发预算管理模式构建的三个维度。它们彼此之间不是分割的，而是相互紧密联系的关系。价值链预算是吸收价值链理论的合理内核而建立的新的管理模式，价值链研发预算利用这一合理内核，拓宽、提升了传统研发预算模式的视野。

从预算目标看，价值链研发预算管理的目标是为企业合理配置资源、获得最大的价值增值服务。即通过多维价值链以及研发价值活动的分析，为实现企业的最大价值增值而优化投资决策与价值链构成，从生产经营的源头把握好资源的配置。从预算考虑的范围看，价值链研发预算在空间维度上把以往仅限于单独一个企业内部，扩展为以上下游企业为主要对象的整个价值链联盟。企业不是产品生产出来以后才考虑与上下游相关企业的产品价值关系，而是在项目投资决策时就必须具备战略思考，通过价值链研发预算得以实现。在时间维度上，强调研发过程各阶段的价值联系，并由原来仅限于研发活动而扩展为企业内部价值链上的所有活动（梁莱歆，2009）。

第二节　基于价值链的研发预算特征及基本框架

一、基于价值链的研发预算管理特征

（一）时间与空间结合的战略导向预算

横向价值链、纵向价值链和内部价值链是价值链预算管理模式的三个不同视角，三者的结合完整地实现了价值链分析与企业预算管理的交融。从空间概念上看，研发预算所需要考虑的因素从企业内部价值链延伸到企业外部价值链，扩展了研发预算的视野。研发预算时，高度重视与供应商和顾客价值链的联系以及与竞争对手价值链的差异，结合企业实力将资源分配到价值链上企业最具有优势、能创造较大价值的项目上。从时间概念上看，研发预算不仅要考虑研发过程各阶段活动，还应考虑研发活动对企业内部价值链上生产、营销、服务等其他环节活动的影响。

（二）以价值增值为驱动

引入价值链后，企业对研发资金的分配和管理不再单纯地关注研发成本的降低，而更多地关注于研发资金创造价值和企业竞争能力的提高。由于研发活动有很大的风险性与不确定性，因此其支出具有一定程度的不可控性。企业都希望用较少的资源完成更多的工作，但研发预算管理不能简单地追求预算成本最小，研发资源的配置应以价值增值为驱动，将企业关键资源配置给有效价值增值的活动，达到价值创造和企业竞争力提高的最终目标。

（三）以价值链分析为起点，以研发价值活动的识别和优化为核心

价值链分析与价值活动识别是研发预算管理中的重要环节，通过对横向和纵向价值链的分析，使企业找到自身发展战略的准确定位与价值增值最大的经营目标，并通过预算管理确保企业战略和经营目标的实现。另外，结合企业内部价值

链分析对研发项目的价值活动进行识别，评价各种研发活动的价值创造特点及其增值性，消除研发活动中的非增值环节，满足高增值研发活动的资源需求，使研发价值链得以优化。

（四）以信息技术为支撑的动态预算

首先，价值链分析与资源分配是以大量信息为依据的，相对于其他业务流程，新产品（技术）的开发更是基于信息的研发活动。研发预算的制定需要企业收集大量的相关信息，包括横向价值链和纵向价值链上其他企业以及顾客的信息，本企业内部价值链各业务系统的数据。因此，基于价值链的研发预算管理离不开信息技术的有力支撑。

其次，该研发预算模式是动态的。动态预算是适应企业动态复杂环境而形成的一种预算管理模式，它将预算编制、执行、反馈、调整和考评集成在一个信息平台上，实现预算的动态、实时管理。

二、基于价值链的研发预算管理基本框架

与传统预算一样，价值链研发预算管理过程是企业决策目标的具体化，也就是预算的编制、执行和调控的过程。与传统预算不同的是，价值链研发预算管理增加了价值链分析，并在此基础上进行相应的资源需求预测和分配。

（一）价值链分析

研发预算管理的第一步是价值链分析，我们需要对企业的三条价值链进行分析。

（1）纵向价值链与横向价值链的分析。通过纵向价值链的分析，企业可以在价值链系统中寻找企业的最佳位置，确定企业在市场竞争中实现价值增值的优势环节，并正确判断与供应商、客户价值链的联系，避免出现新产品进、销两头价格过高的现象，前者导致产品成本过高，后者由于售价过高使顾客无法接受。而利用研发预算中的价值链分析，合理把握研发项目与上下游企业的价值接口，使企业在符合价值链整体利益的前提下实现自身的价值增值最大。通过横向价值链的分析，企业可以发现与竞争对手价值链的区别，从而找到符合企业特色的竞争战略和研发战略。Cooper 归纳出新产品失败的原因之一即是市场调研不充分或是获得了错误的市场信息，这会导致产品对顾客来说缺乏价值。其实质原因是缺乏对横向价值链和纵向价值链的分析。因此，在研发项目的立项阶段，企业应从纵（横）向价值链的视角，对价值链上企业包括竞争对手的优劣势以及客户需求进行详尽的调查，获取正确的市场信息。只有符合企业价值链的研发项目才予以立项，使研发项目真正立足于市场需要，这一分析是研发资源合理分配的基础。

（2）内部价值链的分析。研发项目内部价值链的分析要从两个视角看，首先，在企业内部价值链中，各项价值活动之间存在着很大的关联性，在研发预算中，不是简单地仅考虑研发项目本身的资源需求，还应考虑研发活动对后续活动资源消耗的影响。实际上，为了价值链目标，新产品市场价值的实现，企业生产、营销、服务各中间环节的资源投入水平已被制约，而决定这一切的关键在于研发。研发阶段必须确保影响后续阶段资源投入的各项技术任务顺利完成。如果新产品的材料技术未能解决，将导致产品生产环节的成本加大，而合理的研发预算是从资源上确保该研发任务的完成。

其次，研发活动本身又是由一系列的价值活动所构成，研发项目从立项到研究开发出新成果的全过程，构成了研发价值链。研发分为基础研发、研发进行和改进研发等不同类型，但出于研发风险与收益的考虑，很多企业都将重点放在后两者的研发上。以新产品研发项目为例，从研发构思的提出到产品进入市场，新产品的开发流程一般可包括 9 项主要价值活动：初筛、前期市场评估、前期技术评估、开发前的市场研究与商务分析、产品开发、内部产品测试、产品试销、生产运营启动、产品进市场。

以往由于缺乏对研发活动价值链的分析，人们在进行研发预算资金的分配时，主要关注的是技术活动，而缺乏对产品市场活动的重视。这样就导致在研发项目的开发中，技术与市场二者资源配置的极不平衡。Cooper 和 Kleinschmidt 通过对 203 个新产品项目的调查发现，研发活动中，商务分析和市场研究所占用的资源极少，占每个项目不足 1% 的费用，企业几乎把所有的资源分配给了技术开发活动，而这一疏漏很可能成为研发项目失败的重要原因，以致出现技术成功但商业失败的局面。

在对企业的访谈中发现，即使是分配到研发项目中技术活动的资源，也存在着一定的盲目性。如某研发小组根据其研发工作量提出了预算，研发任务中包括一项耐高温的技术指标，难度较大，经多次试验后终被解决。但根据其后对客户意见的反馈和市场调查得知，实际上该产品的使用不存在对这一性能的要求，对市场价值也没有任何影响。由于研发价值链分析的缺失，使无效研发活动在预算中占用了有限的资源。

研发预算的价值链分析可以有效改变以上状况，通过对项目生命周期的各项研发活动进行评价，依据该活动对顾客价值的贡献程度确定其在价值链中的位置，消除研发活动中的非增值环节，并作为资源分配的依据。除了传统的技术评估和技术开发活动，研发流程中与市场有关的活动都予以充分重视，并在预算中为这些活动配置足够的资源。

（二）研发预算的制定

（1）预算目标的确定与分解。基于价值链的研发预算目标包括三个层次：

首先是总预算目标的确定，这是企业战略目标在预算期的具体体现，也是预算期全部研发资源规模的确定。总预算目标的确定必须在多维价值链分析的基础上进行，考虑与上下游企业的产品价值关系，同时考虑与同行企业的价值链差异，制定合理的性价比策略。其次是单项研发预算目标的确定，这是将总预算目标分解到各个研发项目上。最后是对研发项目不同阶段的预算目标确定，即根据某一单个研发项目的预算目标，将资源分配到各个不同的研发阶段上。

（2）预算制定。研发预算的编制以价值链为导向，考虑链上各环节的价值关系及其影响而制定研发预算。即考虑市场实现的前提下确定研发预算额，从而达到从客户角度出发安排各项价值活动的目的。

在价值链分析的基础上，根据具体研发预算目标进行资源分配，并把握好以下要点：

第一，企业根据价值链分析结果在研发项目之间及项目内分配资源，对于价值链作用重大、直接涉及企业竞争地位的重要研发项目和关键研发环节，其资源需求应优先满足。

第二，打破以往只对项目做整体预算的方式，应根据项目价值链以及分解后的研发预算目标，采取分阶段预算的方法。因为就技术而言，研发过程一般可分为立项、研究、小试、中试、现场工业试验及项目验收等主要阶段，实际上也是项目的价值创造过程，研发预算编制应顺应这一客观要求，特别是对于研发周期较长的项目。

第三，设置多维预算指标体系。根据需要设置的维度包括具体预算指标、价值活动、预算期间、计量方式和责任中心等。其中，研发预算指标包括归集人力资源消耗的薪酬及福利费用，归集设备消耗的实验室和机器设备的折旧、租金，归集试验中各种材料消耗的材料费，等等。多维预算体系，以预算指标为核心，通过设置价值活动维度满足符合价值链的资源分配的需要。

第四，确定责任中心及价值活动。以研发过程承担各阶段任务的研发小组为责任中心，研发过程包含有多种价值活动并可划分为不同层次，以生物制药企业为例，其技术研发过程至少需经历早期发现、药物开发、临床试验和验收等阶段，其中临床试验又包括阶段 1、阶段 2 和阶段 3 几个层次，企业可根据价值链分析结果确定对各层次价值活动的资源分配。

第五，对价值活动分配资源。不同的价值活动对资源的投入要求不同，企业应将资源优先分配给关键价值活动，并加强对这些价值活动的预算管理。企业对价值活动分配资源应以价值链分析基础上的成本动因为依据，后者是导致研发支出发生的根本原因，可以是一个事项或一项活动，成本动因的确定直接关系到资源分配的准确合理性。

（三）研发预算的动态调整与控制

企业价值链受多方面因素的影响，由于技术、市场、项目管理以及环境等因素变化的原因，研发项目具有很大的风险和不确定性，对研发项目造成的影响表现为两方面：其一，企业根据研发战略分配资源后，有的原被看好的项目可能因为市场环境的变化而不再具有吸引力，或有的项目已经被别的企业抢得先机，企业再继续研发意义不大，或者因为技术上有难以突破的障碍等，由于这些原因可能导致研发项目的中止。其二，由于市场与技术的变化而使价值链发生变化，需要根据新的价值链关系修改原研发方案。那么需要对原预算进行调整和重新分配，而这是一个动态的调整过程。另外，预算执行过程中是否偏离价值链轨道也需要适时予以控制（梁莱歆，2009）。

第三节　研发预算信息平台的构建

企业不能很好地对研发项目进行预算管理的原因，主要是在于编制研发预算所需要的信息量不足（梁莱歆，2007）。由于研发活动的风险性和不确性，加上人们对研发活动及研发预算的本质认识不足，使有关研发活动的会计核算和财务管理明显滞后，相关信息严重缺乏，这种状况必然无法对研发实施有效的预算管理。任何一种预算，不论是资本预算还是财务预算，不论是零基预算还是弹性预算，如果没有基础数据信息做依据，无疑等于闭门造车。因此设计建立一个为研发预算管理服务的信息基础平台，为研发预算的编制提供依据，是本书首先要解决的一个关键问题。

任何预算的编制都需要一定的基础信息为依据。工程项目的投资预算可以根据施工图确定的工程量，套用行业、地域的消耗定额和费用定额，编制工程项目的预算投资额。企业经营预算中可以根据预计的产品产量、单位产品耗用的各种材料、工时、库存等，编制出产品成本预算。在预算方法上，即使是零基预算，也不能凭空想象，必须依据历史和未来的数据信息对预算期的发生额做出合理预计。这些预算的基础信息是企业在长期的生产经营过程中积累获得的，通过会计记录、生产台账等记载和反映。

尽管研发活动具有复杂性和不确定性，但总会遵循一定的基本规律。Rober Cooper 教授长期致力于研发管理研究，他认为通过广泛调查和统计分析，可以发现研发活动的规律。而且，研发的某些本质特点对于不同类型的研发活动都是共同具有的。通过对研发活动的价值链本质进行分析，企业的研发项目是研发机构

"生产加工"的产品，研发资金的循环与一般企业的资金循环基本相同，研发项目的资金耗费也应服从一定的规律性。如果能在研发过程中积累研发活动各项数据信息，特别是与资金耗费有关的财务信息，寻求其分布规律，则进行科学的研发预算编制就有了依据。

目前的研发管理方式很难对预算编制基础信息进行有效的积累，主要表现在以下方面：第一，许多中小企业没有设立专门的研发机构，研发设施、研发人员与生产设备、管理人员混为一体，这很难对研发资金实施单独管理；第二，研发活动多数是以任务的形式安排，没有以项目的形式体现，这难以对单个研发项目的投入产出效益进行测评；第三，企业开展研发活动投入会计核算比较混乱，很多企业并没有专门核算研发经费，而是夹杂在管理费用中，部分企业为了申请高新技术企业、申请政府研发资助及所得税前加计扣除的需求，将本属于生产、管理的成本费用消耗归集计入研发支出，很少有企业对研发经费分研发项目进行明细核算。因此，必须根据研发活动的价值链本质，革新研发管理方式，改变研发经费会计核算模式，构建基于价值链的研发预算基础平台，为研发预算的编制提供信息支持。

一、成立专门的研究开发机构，对研发资金实施独立管理

研发资金与生产经营资金处在企业价值链的不同环节，研发资金从投入到研发成果中试、研发成功获得专利、产品试制、市场化获得盈利，构成研究与开发资金独立的循环过程。如果将两者混合管理，将给研发资金的正常运营和效益化管理带来不便。为了保证研发活动有秩序的顺利实施，应建立专门的研发组织机构，便于对相关的各项资源（人员、资金、技术、设备和材料等）进行系统安排。

企业专门设置研发机构，为研发资金提供了避风港，为研究开发资金的使用确定了明确的责任主体，为研究与开发资金的独立管理创造了客观条件。研发机构设立的组织模式可以多种多样，集团企业可以下设具有独立法人资格的研发公司，企业内部研发机构的存在模式可以是内企业、研发部、新事业发展部、新产品开发委员会、技术中心、虚拟组织、课题组，等等。

二、对研发活动实行项目管理

企业的各项运营活动可分为两大类：一类是重复性、连续不断、周而复始的例行性活动，称为"运作"，如用自动化流水线批量生产某些产品，财会部门定期编制月、季、年等财务报表等；另一类是独特的、一次性的活动，称为"项目"，如一项建设工程、研究开发新产品等。美国项目管理学会对项目的定义为

"在一定资源约束下为创造独特的产品或服务而进行的一次性努力，项目具有整体性、一次性、独特性、生命周期性、约束性特征。项目管理就是把各种系统、方法和人员结合在一起，在规定的时间、预算和质量目标范围内完成项目的各项工作"。可见，项目管理的实质是在有限的资源条件下，以最高效方式完成特定的任务。

实践证明，项目管理能大大提高工作效率，合理分配资源，有效节约成本。项目管理在众多领域得到了广泛的应用，发挥着不可或缺的作用。以规范的项目管理方式，成熟的项目管理技术对研发进程进行管理，可以提高研发的效率和成功的概率，但这并不是本书所关注的。本书所关注的是企业研发的对象是每一个研发项目，成功后的研发项目是其"生产"的"产品"，通过研发活动的项目化管理，使收集积累到的研发数据信息拥有明确的对象化载体，便于总结类似研发流程中的资源耗费规律，评价项目的投入产出效益。

三、改变研发活动会计核算模式

预算是主要以货币量度表示企业的经济活动计划的综合说明，预算的编制、执行、控制、调整等均以企业会计系统提供的财务信息为主要依据。编制研发预算所需信息量不足的主要原因，在于目前对研发资金的会计核算模式忽视了研发活动所具有的独立的价值增值特性。对于研发资金的会计处理，仅进行简单的费用化或资本化，等于将这部分资金推入"黑箱"之中，不仅无法为研发预算的编制提供信息，也不能直接评价研发活动的投入产出效益；更难将研发活动具体的资源耗费变化信息反馈，实行研算的控制和调整。可见，构建研发预算的基础平台的中心工作是改变目前研发资金的会计核算模式。

企业成立专门的研发机构，明确了研发资金的会计主体，对研发活动实行项目化管理，明确了研发资金会计核算的对象主体。对研发活动的价值链进行分析，表明研发活动具有独立的价值增值特点，企业的每个研发项目是研发机构"生产加工"的产品，因此，应当按一定的准则（具体标准应根据不同行业研发活动的特点制订）对研发机构的资金来源、资产负债、研发项目的投入产出等进行单独的会计核算。

（1）企业研发机构的资金来源。以独立法人形式设置的企业研发机构，其研究与开发经费主要来自其注册资本、母公司的专项借款、向其他单位的借款等；而企业内部研发部门，在会计核算时将其视为一个独立的会计主体，其研发经费主要依赖企业的直接拨款或内部借款。

（2）研发活动的成本投入。研发的成本投入指研发主体为了特定的项目目标，在一定时期内进行科学研究与技术开发活动所发生的物料消耗和人工消耗。

要正确核算研发的成本投入，首先应严格区分企业的研发活动和一般生产经营过程中的技术改造、采用新设备、新材料、新工艺等活动。研发活动是为获得科学与技术（不包括人文、社会科学）新知识，创造性运用科学技术新知识，或实质性改进技术、产品和服务而持续进行的具有明确目标的系统活动。只有符合这些目的和概念的活动，其耗费才能列入研究与开发成本。其次在研发活动中所发生的与其相关的支出都应纳入研发成本的范围，包括直接在研发活动中发生的费用和以合理的基础分配计入的费用。具体包括以下几个方面：研发人员人工成本；研发活动直接消耗的材料、燃料和动力费用；研发设备、仪器的折旧、摊销、租赁费用；专门用于中间试验和产品试制的模具、工艺装备开发及制造费；勘探开发技术的现场试验费；新产品设计费、新工艺规程制定费以及与研发活动直接相关的技术图书资料费、资料翻译费；研发成果的论证、评审、验收费用，办公费、通信费、差旅费等其他费用。最后也是最重要的是应对单个研发项目的成本进行专门核算，将单个研发项目作为成本核算对象。具体核算时，研发成本应按不同的研发项目设置二级明细科目，按项目发生的成本明细设置三级明细科目。如果研发活动的不同阶段由研发机构的多个部门完成，还应核算每个部门的成本开支情况。每个项目直接发生的成本直接归集计入该项目，不能直接归集的按合理的基础分配归入各个研发项目，并正确结转待完结研发项目和已完结研发项目的成本。

（3）研究活动的产出。取得成功后的研发项目，实现了价值增值，可以用现金流量折现、实物期权等方法估计其价值。对法人型的研发机构而言，通过市场交易形式实现收益。对企业内部的研发机构，研发成果以虚拟的内部交易形式实现。根据研发机构一定会计期间的研发投入产出情况，可以编制研发机构的收益表。

（4）研发机构的资产负债。对法人型的研发机构，研发成果收益直接归属于该研发机构，对企业内部的研发机构，研发项目成功后实现的收益可假定归属于研发机构。根据研发机构的资金来源和资金使用情况，编制其资产负债表，反映研发机构的财务状况。企业内部研发机构的资产负债、收益等财务报表信息可以以内部财务报表的形式报送，也可以在对外的财务报表附注中披露。

限于篇幅，本书仅对研发活动的会计核算模式作简要的论述。其核心内容是改变目前对研发经费仅进行简单的费用化或资本化处理，应按单个研发项目核算其明细成本及收益情况，为研发预算的编制和控制积累基础信息。

四、建立研发活动的管理信息系统

企业的研发活动是一项复杂的系统性工程，研发机构同时进行多个研发项目，并行工程、项目组合等研发流程方式的应用，使研发过程产生大量的财务和非财务信息。研发活动还需要研发机构内部各部门的协作，也需要企业各部门的密切配合。因此，企业应建立一个基于研发项目全过程、集成化的研发管理信息系统，为项目各参与方提供一个共享的信息平台。这不但保证了研发项目的顺利实施，而且通过与财务核算系统及 ERP 等管理软件无缝对接，可以方便快捷地收集、存储和处理研发过程中的资源消耗相关信息，为寻求研发活动的资源耗费规律提供一个基础信息平台。

基于价值链的预算基础平台的构建，首先，可以积累研发预算编制所需的基础数据，从中发现研发资金使用的一般规律，为研发资金的预算控制提供信息支持。其次，通过对研发资金的单独管理，便于评价研发项目的投入产出情况，提高研发资金的使用效率。再次，明确了研发经费支出的方向和范围，便于企业研发强度的测度和所得税前加计扣除的计算，为企业申请税收优惠提供了充足的依据。最后，通过对研发机构财务状况和研发成果情况的核算，进一步提高了会计信息质量，为投资者决策提供了很好的服务。

第四节　基于案例推理的研发预算执行

任何一种预算，不论是资本预算还是经营预算，不论是零基预算方法还是弹性预算方法，必须有历史经验数据做支撑，否则等于闭门造车。经营预算的依据是产品销量、工时与材料的标准单耗、合理库存等信息，建设项目可以根据工程量，套用行业、地域的消耗定额和标准系数确定预算投资额。这些预算的信息依据是人们在长期的生产经营过程中积累和整理获得的，通过会计记录、生产台账等记载和反映。因为研发活动的开创性、研发成果的不可重复性，使许多企业并不重视研发项目资源消耗信息的归纳、整理、评价和积累，从而无法对研发资金进行有效的预算管理。但任何事物总会遵循一定的基本规律，以往研发活动取得的成功和失败经验，对未来研发项目的开展尤为珍贵，以往研发活动的资源消耗情况对未来的研发项目同样具有信息价值。

基于案例推理（Case Based Reasoning，CBR）是人工智能领域中一项重要的问题求解和学习的推理技术，它利用以往实际案例的历史经验对决策问题进行推理分析，适用于解决没有很强的理论模型和领域信息不完全、因果关系不明确而需要丰富经验的问题。本书将案例推理技术引入研发资金的预算管理，在讨论其可行性的基础上，阐述了基于案例推理的研发资金预算管理架构，试图为企业对研发资金实施预算管理寻求一条有效的途径。

一、CBR 简介

基于案例推理技术的研究，始于 Shank（1982）的论著《Dynamic Memory》，该书提出了 CBR 的认知模型，并在此基础上开发了 CBR 的应用系统。其基本思想是：当人们遇到一个新问题时，把以前遇到过的与该问题类似的事例联系起来，借助以前解决类似事例的经验解决当前问题。

一个典型的案例推理过程是：首先按照一定的形式向系统描述当前案例（称之为新案例）；其次从案例库中检索出与新案例相似的案例，若该案例与新案例完全匹配，输出该案例的求解方案，否则通过专家修正该案例或加入新知识，形成对新案例的求解；最后对新案例的求解进行评价，并将这个新案例及其解决方案加入到案例库中。基于案例推理的实现过程可分为四个阶段：案例表示、案例检索与匹配、案例重用与修改、案例评价与存储。

基于案例推理技术与人们平常的认知心理基本上是一致的，当人们面对一个新问题时，通常会产生联想，对事物进行归类，从中找出处理类似问题的相关经验和知识，经过一定的修正后，用来处理新问题。案例推理技术不同于规则推理，是一种类比推理的方法，它具有以下特点：①案例获取比规则获取容易，并且案例提供了更多生动的信息；②直接运用历史经验解决新问题，使用者容易理解，简单易行；③过去的经验越丰富，对解决新问题的指导意义越大；④对过去的经验并不是生硬的套用，而是在其基础上，结合新情况解决新问题。基于案例推理技术目前已在企业决策、医疗诊断、天气预报、成本估算等领域得到广泛的应用。

二、CBR 应用于研发预算的可行性

基于案例推理要求以往案例的经验对未来案例有启示和指导意义，而研发活动是对知识的不断研发和发展，研发过程不可能有完全相同的先例，那么以往实施研发项目的资源消耗和控制信息对今后的研发项目预算有无经验作用呢？我们从研发活动的一般进程和研发资金的运动形态两个方面分析，讨论已完成研发项目的资金耗费和控制信息对新的研发项目是否具有经验意义。

首先，研发活动一般是从发现关于服务、产品或者程序的新观点开始的，企业运用内、外部知识和资源，通过正式或非正式的学习网络，产生研发性的思想和观点。研发思维的形成过程是复杂的、难以模仿的，需要天赋、灵感、偶然和幸运，但是研发性思维产生后，整个研发专业化活动中的具体设计、中试、检测、试制、成果注册等过程一般按一定的程序和步骤进行。研发专业化活动可视

作以获取某种可交付成果或可交付成果的组合为目的而发生的许多基本作业活动的集合，企业可以依据自身积累的项目开发经验、研发的历史数据以及对研发项目流程的分析，相对准确地估计出研发各阶段的作业量和资源需求。Rober Cooper 教授长期致力于研发管理研究，他（1998）认为研发的某些本质特点对于不同类型的研发活动都是共同具有的，通过广泛调查和统计分析，可以发现研发活动的规律。可见，研发活动主要在于研发性思维的产生过程；研发活动的不确定性在于，能否在技术和市场获得最后成功的风险较大。但不同研发项目的具体研发程序是相近的，其基本作业活动是相对确定的，作业量和资源消耗具有一定的规律分布。

其次从研发资金的运动形态看，企业的研发资金运动伴随着对研发项目的投入而开始：购买研发设备和材料，招募研发人才，对研发项目进行"加工"，然后"销售"成功的研发项目，并以不同研发项目的持续不断而循环和周转。资本的积累依靠每个研发项目成功后的市场化（内部交易或外部交易）为研发主体带来盈利。其基本的资金循环过程为：货币—商品（研发人力资源和研发设施）—研发过程—研发成果（专利、技术秘密、新产品等）—货币，这与一般企业产品和服务的资金循环过程基本相同。因此，不同研发项目的资金运动形态具有相同性，其资源消耗无外乎人工成本、设备材料、测试、注册等费用。如果对已完工研发项目的资源消耗情况进行分析、评价和总结，积累成为丰富的经验数据库，可以指导今后研发项目的预算管理。

可见，研发专业化活动及其资源消耗所具有的类似性，使已完成研发项目的资源消耗信息对新的研发项目具有经验启示作用，这为案例推理技术应用于研发预算管理提供了可能。

三、CBR 应用于研发预算管理的整体框架

研发活动是在一定资源约束下为创造独特的产品或服务而进行的一次性努力，研发项目具有整体性、一次性、独特性、生命周期性、约束性等特征。这使基于案例推理技术应用于研发预算管理时具有与其他应用领域不同的特点：第一，研发项目的特征属性明显、易于提取，这有利于案例的表示和检索；第二，匹配案例的处理方法不能直接应用于新案例，新案例必须根据匹配案例含有的信息进一步求解，需要比其他应用领域较多的调整工作；第三，检索到的匹配案例数目并不是仅有一个为最优，数目应适当，以尽可能给新项目的预算提供更多有效的信息支持。

基于案例推理的研发预算管理的整体框架运用了基于案例推理技术的一般原理，并考虑到应用于研发预算管理时与其他应用领域不同的特点。首先将企业的

研发项目相关信息，以恰当的案例表示方式储存到计算机系统中，建立研发项目案例库。当企业对新的研发项目进行编制预算时，输入项目的属性特征，如新产品的功能和属类、实施团队等，检索出与新项目相似的案例。根据类似项目的资源消耗情况和新项目的特点，调整计算得到新项目的资金预算。项目结束后，对新项目的预算管理情况进行评价和总结，加入到案例库中以备后用。其整体思路如图 6-1 所示。

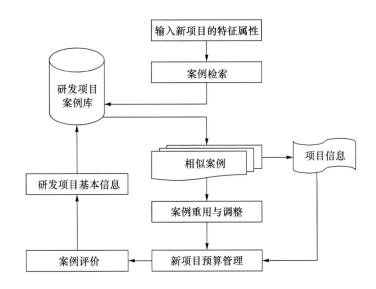

图 6-1 CBR 应用于研发预算管理的整体框架

四、CBR 应用于研发预算管理的过程

（一）研发项目基本信息的生成

预算主要以货币量度表示经济活动计划的综合说明，企业预算的编制、执行、控制、调整等均以会计系统提供的财务信息为主要依据。目前，企业会计核算的重点仍是产品成本的核算，对研发投入仅进行简单的费用化或资本化，无法反映每个项目的资源消耗及明细情况。因此首先必须将单个研发项目作为成本核算对象，对研发活动实施项目化管理，使搜集积累的数据信息拥有明确的对象化载体；对研发周期内所发生的全部资源消耗，在每个阶段、部门、子项目和成本类别进行多维明细核算。其中，成本明细项目可分为人工成本、材料消耗、设备仪器费、试验费、图书资料费、研发成果的论证、评审、验收费以及办公费、通信费、差旅费等其他费用，项目的阶段、子项目、部门明细核算可根据研发项目

和研发团队的实际情况设置。

基本信息完备的研发项目构成案例库中的一个基本案例，案例中存储着在研发过程中获得的各种资源消耗数据信息。不论研发项目在技术和市场上是否成功，都可以进入案例库。研发项目案例库的丰富程度决定着基于案例推理的研发预算管理的效果，企业应通过各种途径不断丰富研发项目案例库，并保证入库信息的有效性、条理性和高质性。

（二）研发项目的案例表示

案例表示是案例推理的数据基础，它采用一定的知识表示规则方法，对研发项目相关的环境、状态、解决方案进行完整描述。案例推理效果在某种程度上依赖于案例库中的结构以及案例的知识表示方式，合理的案例表示方法有助于提高案例检索的精度和速度。

案例表示将研发项目的特征属性及其资源消耗的经验知识变为计算机系统可以识别的信息。一个研发项目可以由多个属性构成，如研发产品的功能和规格、研发小组名称、技术措施、研发过程时间、研发主要材料等，用集合表达为 A = $\{A_1, A_2, A_3, \cdots, A_n\}$，其中的属性 A_i（$i = 1, 2, 3, \cdots, n$）又可以根据需要进一步细分为 $A_i = \{A_{i1}, A_{i2}, A_{i3}, \cdots, A_{im}\}$。按照这种属性结构，一个研发项目案例可由多个层次的属性组成，将案例信息存放在一系列相互关联的数据库中，利用关系数据库的索引技术，可以方便地建立案例索引。企业可根据实际情况对研发项目案例的属性信息、环境信息和状态信息等进行补充和提炼，提高项目案例表示的完整性和可靠性。

（三）研发项目案例库的检索

案例的检索与匹配是实现案例推理的关键，其主要目的是根据新研发项目的定义和描述属性，从案例库中寻找一个或多个与当前项目"最相似"的案例，作为新研发项目的预算依据。案例的检索分为初步检索和案例匹配两个阶段进行。初步检索是根据新项目的突出特征，如项目类型或任务阶段等，从案例库中检索出与之相关的一类研发项目。案例匹配是在初步筛选的一类研发项目基础上，全面比较所筛选出的项目与新项目的相似性。

案例检索的本质是问题案例与求解案例之间的相似匹配，检索方法主要有最近相邻法、归纳推理法、知识引导法、模板检索法等。对研发项目的案例检索可以采用知识引导法和最近相邻法相结合的混合检索策略，即首先采用知识引导法对整个案例库进行初步检索，获得与新案例类似的候选案例集；其次采用最近相邻法对候选集合进行进一步匹配，最后通过相似度计算，获得与新案例最匹配的案例。研发项目的特征属性明显、易于提取和检索，此外从案例库检索出来的以往研发项目案例，其资金耗用情况并不直接应用于新项目的预算编制和控制，只能作为新项目预算管理的信息依据。因此，作为研发项目预算管理的案例检索，并不像其他应用领域中要求案例的特征值严格匹配，只需运用检索技术检索到类似的研发项目即可。

（四）研发项目的案例重用与调整

研发项目具有的开创性、一次性、独特性特点，使检索到的匹配案例与新案例之间很难完全一致。已完工研发项目的资金耗费信息并不能直接应用于新项目的预算，对匹配案例的重用，可以根据研发预算的不同阶段做不同的调整。

当进行研发项目投资决策、选择项目组合时，研发预算的功能属于资本预算的范畴，主要是对研发项目的成本投入和收益进行评价。此时，可以根据匹配案例的整体成本，乘以一定调整系数，估算新项目的投入成本。

当研发项目确定实施后，研发预算的功能属于经营预算的范畴，主要对研发项目实施过程中的资金投入进行安排和控制。此时应根据匹配研发项目中已发生的资源消耗经验信息，结合新研发项目的不同特点，调整推算新项目在各阶段、各部门、各成本项目的资金投入，用于预算的编制和控制。

（五）研发项目的案例评价与存储

研发案例的评价与存储是基于案例推理的研发预算管理的学习过程。当依据匹配研发项目的信息形成的新项目预算编制完成后，由研发项目团队的专业人员会同企业财务部门，对新项目预算进行初步评价，最好由资深的研发专业人员根据专业经验判断新案例与旧案例的相似程度及预算的可行性。在研发项目实施阶段，记录资金实际投入情况与预算值的差异，总结依据历史案例信息编制新案例预算的调整规则。研发项目结束后，再次对预算执行情况进行评价，并将新案例充实入案例库中。随着新研发项目的加入，项目案例库不断完善和丰富，未来研发项目的预算管理效果将逐渐增强。

五、案例推理的研发预算管理结果

研发活动具有高度的复杂性和不确定性，使企业对研发资金的管理常常处于失控状态，如何对研发资金实行有效的预算管理一直困扰着许多企业。国内外学者目前对研发预算管理的研究，多从企业发展战略的角度就资金在项目间的配置问题进行探讨，而对研发预算的编制依据、编制方法和控制的研究比较缺乏。本书对基于案例推理的研发预算管理进行了概念框架性的研究，认为已完成研发项目的资源消耗信息对新的研发项目具有经验启示作用，运用案例推理技术，寻求研发资金预算的信息依据，可以对研发活动实施投资决策、资金控制和效果评价等预算管理。基于案例推理的研发预算管理，为研发活动的资金控制提供了一个原理简单、直观生动的技术途径，企业可以从研发项目基本信息的生成入手，建立完备信息的研发案例库，逐步实施和完善基于案例推理的研发预算管理系统（冯延超，2009）。

第五节 研发资金的分配管理

市场需求的快速变化、产品寿命周期的缩短、研发项目的风险性等要求企业同时进行多个 R&D 项目。但企业 R&D 活动的资金预算毕竟是有限的，如何在多个 R&D 项目之间做出选择，把有限的资金分配到对企业最有利的项目上，这涉及到 R&D 项目之间的资金分配问题。

一、项目组合资金分配概述

中南大学商学院课题组 2007 年对涉及湖南、广东、河南、江西、山东 5 省的 230 家高新技术企业进行了问卷调查。调查结果显示，大部分企业 R&D 预算管理状况欠佳，在 R&D 预算资金分配上没有建立一个科学的决策机制和分配程序，与 R&D 预算资源分配有关的决策，如 R&D 项目的排序，R&D 资金的预算分配等，几乎全凭管理人员的经验进行决策。多数企业没有建立项目组合管理的概念，而把注意力放在单个项目的管理上，在进行资金分配时孤立地看待单个项目。缺乏有效的资金分配方法导致 R&D 投入产出的经济效益低、项目开发成功的比例低，不少 R&D 项目在研发过程中便夭折，有些则"项目成功，效益失败"。

国内外对有关项目组合间的资金分配问题很早就进行了研究，早期的组合选择模型高度数学化，采用了诸如线性、动态和整数规划等，其目标是在受制于资源约束的前提下，开发出新的和现有项目的组合以使目标函数最大化。这些方法尽管在理论上很具有吸引力，但以数学为基础的分配模型在实务中不能得到较好的运用。最主要的障碍是无法得到满足所有项目的财务数据、资源需求、供应情况以及成功概率等方面的信息。数学组合方法对风险和不确定性考虑也不够，管理人员也认为这些方法难以理解和使用。

20 世纪 90 年代以来，复杂的数学方法逐步得到简化和改进，变得容易理解并可在实务中运用。例如，包括用于评估组合的整体价值的方法（预期商业价值模型）、适当的项目权衡的方法（组合图和泡泡图）、取得战略上的一致性的方法（战略领域划分法）等。但是这些方法都有其自身的缺陷。首先，上述所有方法的决策出发点仅考虑到企业单个方面的目标，没有综合考虑企业实施 R&D

活动的整体目标。其次，评估组合的整体价值的方法严重依赖于准确的财务数据和其他定量数据；项目权衡的方法只可作为一种支持工具，如果作为主导方法进行资金分配，很难将企业可用资源和合适的组合项目数量相配比；取得战略上的一致性的方法不能真正用于项目的通过或淘汰决策。

综上所述，尽管对于项目组合之间的资金分配方法已进行了不少研究，但复杂的数学方法很难在管理实务中运用，简化的方法未能综合考虑企业实施 R&D 活动的整体目标，且有其固有的缺陷。R&D 活动的复杂性、不确定性以及非标准性等特点要求有一种简单有效、科学合理、便于应用、有利于实现企业整体目标的 R&D 资金分配方法，将有限的 R&D 资金运用到对企业最有利的 R&D 项目上，提高 R&D 项目的成功率和 R&D 资金的使用效率。

二、R&D 项目资金分配的目标

企业同时实施的 R&D 项目组合是一个动态的决策过程：新的 R&D 项目被评估、挑选、评出优先顺序，正在实施的项目被加速实施、淘汰或者被取消优先性，资源将被重新分配到继续实施的 R&D 项目上。R&D 项目组合的决策伴随着不确定和变化的信息、动态的机遇、多样化目标和战略考虑、各个项目互相独立以及多个决策者和场所而进行的。Cooper（1997）认为，对 R&D 项目的组合管理过程包含了对 R&D 项目组合的资源分配，并提出组合管理的三个目标：

价值最大化目标——根据财务理论，现代企业的财务目标是实现企业价值最大化。因此选择 R&D 项目、分配 R&D 项目组合资金时，应使企业实施的 R&D 活动促进价值最大化目标的实现。

平衡目标——R&D 活动的高投入、高风险性要求企业合理搭配实施的 R&D 项目，确定合适的 R&D 项目之间的平衡。如长期项目和短期项目的平衡；投入资金规模大小的平衡；高风险和低风险项目之间的平衡；不同市场、技术、产品类别、项目类型（如新产品、改进、成本降低、维持或修理）和基础研究之间的平衡等。

战略目标——所实施的 R&D 项目能否真正反映公司的战略——在项目、地区、市场之间支出的分配应直接和公司战略捆绑在一起，所有项目都和公司发展战略相符合。

这三个目标之间可能会存在一定的冲突，例如价值最大化的组合不一定是平衡的组合，它包含的主要项目可能都是短期的低风险项目，或仅仅集中于某一个市场。同样地，一个主要重视战略的组合可能会牺牲价值最大化的目标，如短期盈利能力。将这些目标相联结的方法通常是计分法或加权计分法，但是计分法所建立的指标体系往往带有主观色彩，很难得到满意的结果。为此，本书探讨了对多个 R&D 项目进行组合决策分配资金时，采用层次分析及模糊评价相结合的方法，能实现企业整体目标，合理分配 R&D 资金的途径。

三、基于 AHP – FUZZY 评价的 R&D 项目资金分配步骤

（一）AHP 确定指标权重

层次分析法（AHP – Analytical Hierarchy Process）是美国著名运筹学家匹兹堡大学教授 I. L. Saaty 于 20 世纪 70 年代中期提出的一种将定性分析与定量分析相结合、定性问题定量化的实用决策方法。这个方法的基本思路是将一个复杂的问题分解成若干个组合因素，将这些因素按其系统的支配关系，分组形成递阶层次结构；通过两两比较的方式确定层次中诸因素的相对重要性，然后综合人们的经验判断，以决定诸因素相对重要性的顺序和权重。

1. 建立层次结构模型

根据 Cooper 提出的组合管理三目标，将 R&D 项目组合资金分配决策目标分为四个层次。第一层为目标层，即最优的 R&D 组合资金分配（A 层）；第二层为准则层，是 R&D 项目组合要实现的组合管理三目标（B 层）；第三层为子准则层，为每个分目标下的指标体系（C 层）；第四层为方案层，即有待资金分配的各个 R&D 项目（D 层）。其层次结构模型如图 6 – 2 所示。

在 R&D 项目价值最大化目标下，通常使用的评价指标是计算项目的经济价值（NPV、EVA），这一指标考虑了项目的技术和商业成功概率、项目实施成功后的现金流入量等要素。但经济价值仅是绝对指标，在 R&D 资金稀缺的情况下，应考虑实施 R&D 项目的投资报酬率这一相对指标。R&D 项目的现金流量和投资报酬率应根据项目的财务预测估计。评判 R&D 项目的商业成功概率时应综合考虑 R&D 项目存在的市场需求、市场成熟度（下降还是快速上升）、竞争程度（竞争性技术和竞争对手）、商业开发平台（全新业务还是已有商业模式）、社会政治影响等。评判 R&D 项目的技术成功概率时应综合考虑企业所实施研发项目的技术差距（从极大差距到阶梯改善）、技术复杂性、技术基础（从全陌生到企业已经有广泛实践）、人员和设施可利用性等。

对于平衡目标，应将所有的可实施 R&D 项目综合考虑，主要从时间、规模、风险、产品、市场方面考查待评价的 R&D 项目能否与其他的 R&D 项目方便地组合在一起，最大限度地利用现有资源。一般来说，企业正在实施的 R&D 项目大部分会继续进行研发，对于新进入的 R&D 项目应从上述几个方面看能否与现有的项目组合。当然这些指标难以确切量化，需要评判小组综合各方面情况进行专业的判断。

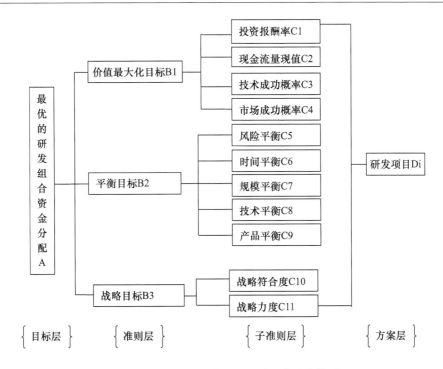

图 6－2 **R&D** 项目资金分配的层次结构模型

对于战略目标，主要从符合度和强度方面着手。参照 Say Fusfeld and Parish（2003）建立的 10 个一致性指标判断企业的 R&D 项目和公司战略是否一致，在评价 R&D 项目时，可以从 R&D 项目与企业经营战略的和谐性、企业战略和技术战略对未来市场机会的期望（趋势、规模、增长、新技术、新应用）是否反映在 R&D 组合中、项目对企业财务和战略影响等方面为依据，以专家打分的方式判定 R&D 项目的战略符合度。R&D 项目的战略力度主要项目在知识产权中的地位、发展的平台（属于现有业务的一部分或是开辟新的技术和商业领域）、产品持续性（产品在市场的生命期）、协调性（与企业其他业务或运作的协调）等方面。

2. 构建两两判断矩阵

由专家结合实际问题，采用德尔菲法和 1～9 尺度法构建出各层因素之间的两两判断矩阵。判断矩阵表示针对上一层次某因素而言，本层次与之有关的各因素之间的相对重要性。如 A 层与下一层 B_1，B_2，B_3 之间的联系，构造出判断矩阵，如表 6－1 所示。

高科技企业 **R&D 资金管控机制研究**

A	B_1	B_2	B_3
B_1	b_{11}	b_{12}	b_{13}
B_2	b_{21}	b_{22}	b_{23}
B_3	b_{31}	b_{32}	b_{33}

式中，b_{ij} 表示相对最优的 R&D 组合资金分配目标而言，B_i 对 B_j 相对重要性的数值表现，通常 b_{ij} 可取 1~9 数值以及他们的倒数，其含义如表 6-2 所示。

表 6-2 b_{ij} 取值的含义

尺度 a_{ij}	含义
1	B_i 与 B_j 的影响相同
3	B_i 比 B_j 的影响稍强
5	B_i 比 B_j 的影响强
7	B_i 比 B_j 的影响明显的强
9	B_i 比 B_j 的影响绝对的强
2, 4, 6, 8	B_i 与 B_j 的影响之比在上述两个相信等级之间
1, 1/2, …, 1/9	B_i 与 B_j 的影响之比为上面 b_{ij} 的互反数

显然，任何判断矩阵都应满足：$b_{ii}=1$，$b_{ij}=1/b_{ji}$，i，j = 1，2，…，n。因此，对于 n 阶判断矩阵，我们仅需对 n（n-1）/2 个矩阵因素给出数值。

同理，B_1 层与下一层 C_1、C_2、C_3、C_4 之间，B_2 与下一层 C_5、C_6、C_7、C_8、C_9 之间，B_3 与下一层 C_{10}、C_{11} 之间也可构造出判断矩阵。例如：若 b_{12} 等于 7，则 b_{21} 等于 1/7，表示价值最大化目标比平衡目标的影响明显的强；若 C_{56} 等于 5，则 C_{65} 等于 1/5，表示在平衡目标中，风险平衡比时间平衡的影响强。

3. 层次单排序及一致性检验

层次单排序可以归结为计算判断矩阵的特征根和特征向量问题，即对判断矩阵 B，计算满足：BW = λmaxW 的特征根与特征向量，可以用和积法、根法等处理。式中，λmax 为 B 的最大特征根；W 的分量 W_i 即价值最大化目标、平衡目标和战略目标单排序的相对权重值。

为了检验矩阵的一致性，需要计算它的一致性指标 CI，定义：

CI =（λmax - n）/（n-1）

若（CI/RI）<0.1，判断矩阵具有满意的一致性，否则就需重新评判，直至满足一致性要求。RI为平均随机一致性指标，其值如表6-3所示。

表6-3　平均随机一致性指标的取值

维数 n	1	2	3	4	5	6	7	8	9
RI	0.00	0.00	0.58	0.90	1.12	1.24	1.32	1.41	1.46

同理可得子准则层C对准则层B的相对权重，并作一致性检验。如投资报酬率C_1、现金流量现值C_2、技术成功概率C_3、商业成功概率C_4相对于价值最大化目标B_1，构造判断矩阵、单层次排序并通过一致性检验后可得到各指标的权重W_1、W_2、W_3、W_4。

4. 层次总排序及一致性检验

层次总排序即子准则层C相对目标层A而言，其综合权重计算公式为：

$$C_i \text{ 最终权重} = \sum_{i=1}^{n} B_i \text{ 权重} \times C_i \text{ 对应的权重}$$

然后对其进行一致性检验：

$$CI = \sum_{i=1}^{n} B_i \text{ 权重} \times B_i \text{ 对应的 } CI_i \text{ 值} \quad RI = \sum_{i=1}^{n} B_i \text{ 权重} \times B_i \text{ 对应的 } RI_i \text{ 值}$$

当CI/RI<0.1，判断矩阵具有满意的一致性，否则就需重新评判。

至此计算得到投资报酬率、现金流量现值、技术成功概率、商业成功概率、时间平衡度、风险平衡度、规模平衡度、技术平衡度、产品平衡度、战略符合度、战略力度11个指标相对于目标层的相对权重集W_c =（wc_1，wc_2，…，wc_{11}）。

（二）模糊综合评判对R&D项目进行评价

模糊综合评判是运用L. A. Zadeh教授于1965年提出的模糊集理论，把测评过程建立在模糊数学的表达之上，通过对测评因素、权重系数、判断标准、模糊关系确立、模糊关系合成运算，最终达到将模糊的测评对象相对清晰化的目的。其主要优点在于整个测评过程与测评人对测评对象的认识过程是相一致的，能较好地解决测评中测评因素和测评标准模糊性的问题，从而克服了人的心理影响带来的主观臆断，增强了测评结果的说服力和准确性。R&D项目的资金分配考虑到多种因素，建立在因素上的综合评价是一个典型的多指标多层次的综合评价问题。这些指标，比如风险平衡度、规模平衡度、技术平衡度、产品平衡度、战略符合度、商业成功概率等带有很强的主观色彩，难以得到统计数据，用传统的方法很难得到满意的结果，应用模糊评价法可以对R&D项目进行较好的评价排序。

1. 建立评语集

评语集是评价者对 R&D 项目对象可能做出的各种评价结果组成的集合，建立的评语集是 V ＝（v_1，v_2，v_3，…，v_k）。例如可以用（优、良、中、差）或（很高、高、一般、低、很低）等作为评语集。

2. 建立模糊矩阵

评价人员对被评价的 R&D 项目按照权重集第 i 个因素 C_i 进行评价，对评语集 V 中第 j 个评语 V_j 的隶属程度为 r_{ij}，其数值可以利用评价小组的意见统计而得，等于对第 i 个因素评判为第 j 个评语的人数占全部评判人数的比重。在选取评价小组成员时，应该选取专家、公司高层、财务人员、技术人员、营销人员等与 R&D 项目有关的人员。评价小组成员应客观公正地对待评价的 R&D 项目的投资报酬率、净现金流量现值、技术成功概率、商业成功概率、风险平衡度、规模平衡度、技术平衡度、产品平衡度、战略符合度、战略力度指标给出评语集中的评价。这些指标有些可以量化，应根据量化结果分段归入相应的评语集。不能量化的应根据各自的专业判断，公正地将评价的 R&D 项目归入相应的评语集。

被评价的 R&D 项目的指标权重集 C_i 对评语集之间的模糊关系可用评判矩阵 R 来表示：

$$\begin{bmatrix} r_{11} & r_{12} & \cdots & r_{1k} \\ r_{21} & r_{22} & \cdots & r_{2k} \\ \cdots & \cdots & \cdots & \cdots \\ r_{111} & r_{112} & \cdots & r_{11k} \end{bmatrix}$$

3. 综合评判

根据指标的相对权重集和评判矩阵对 R&D 项目进行综合评判，采用模糊算子 M（⊙，·），并将结果归一化处理：

$$Q = (wc_1, wc_2, \cdots, wc_{11}) \circ \begin{bmatrix} r_{11} & r_{12} & \cdots & r_{1k} \\ r_{21} & r_{22} & \cdots & r_{2k} \\ \cdots & \cdots & \cdots & \cdots \\ r_{111} & r_{112} & \cdots & r_{11k} \end{bmatrix} = (Q_1, Q_2, Q_3, \cdots, Q_k)$$

式中，Q_i 表示评价组对被评价的 R&D 项目认为属于 v_i 的成员的比重。

对于评语集中的不同评语 v_i，可以规定各自的分数权重 U_i，得到向量 U ＝（u_1，u_2，…，u_k）。取 $P = QU^T$，即为该 R&D 项目的最终评价结果分数。

（三）对 R&D 项目进行综合排序分配资金

企业可实施的 R&D 项目很多，企业决定实施的 R&D 项目组合是一个动态的决策过程。在这一过程中，新的 R&D 项目可能加入实施的 R&D 项目组合，正在实施的项目也可能被取消。同时，新情况的出现也导致各个 R&D 项目的所需投入资金预算的改变。企业应根据环境的变化，及时对可实施的 R&D 项目逐一进行 AHP – FUZZY 综合评价，根据评价分数对其进行排序。然后在一定的资金条件限制下将资金按项目排列的优先顺序进行分配，直至将可用资金分配完毕，被选中的 R&D 项目组成新的 R&D 项目组合实施研发。

四、研发项目资金分配举例

设某企业在某一个预算期间可实施的研发项目有 A、B、C、D、E、F，该企业的总的研发资金预算为 1200 万元。按 AHP 法已确定投资报酬率、现金流量现值等 11 个指标相对于最优 R&D 项目资金分配的权重集 W_c = （0.113　0.203　0.102　0.125　0.094　0.037　0.046　0.085　0.028　0.104　0.063）。企业召集的研发项目评价小组由研发技术人员、财务人员、营销人员、高层管理人员和其他专家共计 100 人，对研发项目 A 的评价结果如表 6 – 4 所示。

表 6 – 4　评价小组对研发项目 A 的评价结果

指标	对项目 A 的评价结果人数（左），占评价小组总人数的比重（右）									
	很高		高		一般		低		很低	
投资报酬率	30	0.30	21	0.21	40	0.40	9	0.09	0	0.00
现金流量现值	15	0.15	34	0.34	30	0.30	11	0.11	10	0.10
技术成功概率	20	0.20	12	0.12	10	0.10	30	0.3	28	0.28
商业成功概率	35	0.35	18	0.18	15	0.15	27	0.27	5	0.05
时间平衡度	25	0.25	13	0.13	34	0.34	21	0.21	7	0.07
风险平衡度	52	0.52	30	0.30	13	0.13	5	0.05	0	0.00
规模平衡度	36	0.36	31	0.31	9	0.09	15	0.15	9	0.09
技术平衡度	3	0.03	15	0.15	21	0.21	32	0.32	29	0.29
产品平衡度	44	0.44	17	0.17	26	0.26	12	0.12	1	0.01
战略符合度	50	0.50	21	0.21	18	0.18	11	0.11	0	0.00
战略力度	29	0.29	20	0.20	37	0.37	13	0.13	1	0.01

得到评价矩阵 $R_A =$

$$\begin{bmatrix}
0.30 & 0.21 & 0.40 & 0.09 & 0.00 \\
0.15 & 0.34 & 0.30 & 0.11 & 0.10 \\
0.20 & 0.12 & 0.10 & 0.30 & 0.28 \\
0.35 & 0.18 & 0.15 & 0.27 & 0.05 \\
0.25 & 0.13 & 0.34 & 0.21 & 0.07 \\
0.52 & 0.30 & 0.13 & 0.05 & 0.00 \\
0.36 & 0.31 & 0.09 & 0.15 & 0.09 \\
0.03 & 0.15 & 0.21 & 0.32 & 0.29 \\
0.44 & 0.17 & 0.26 & 0.12 & 0.00 \\
0.44 & 0.17 & 0.26 & 0.12 & 0.01 \\
0.50 & 0.21 & 0.18 & 0.11 & 0.00 \\
0.29 & 0.20 & 0.37 & 0.13 & 0.01
\end{bmatrix}$$

对项目 A 进行综合评判，运用模糊算子 M（⊙，·）：

$Q = (0.113\ 0.203\ 0.102\ 0.125\ 0.094\ 0.037\ 0.046\ 0.085\ 0.028\ 0.104\ 0.063) \times$

$$\begin{bmatrix}
0.30 & 0.21 & 0.40 & 0.09 & 0.00 \\
0.15 & 0.34 & 0.30 & 0.11 & 0.10 \\
0.20 & 0.12 & 0.10 & 0.30 & 0.28 \\
0.35 & 0.18 & 0.15 & 0.27 & 0.05 \\
0.25 & 0.13 & 0.34 & 0.21 & 0.07 \\
0.52 & 0.30 & 0.13 & 0.05 & 0.00 \\
0.36 & 0.31 & 0.09 & 0.15 & 0.09 \\
0.03 & 0.15 & 0.21 & 0.32 & 0.29 \\
0.44 & 0.17 & 0.26 & 0.12 & 0.00 \\
0.44 & 0.17 & 0.26 & 0.12 & 0.01 \\
0.50 & 0.21 & 0.18 & 0.11 & 0.00 \\
0.29 & 0.20 & 0.37 & 0.13 & 0.01
\end{bmatrix} = (0.27294\quad 0.21702\quad 0.24312\quad 0.17553\quad 0.09139)$$

设评语集的分数权重为 U =（40 30 20 10 0），则项目 A 的最后评分为：

P =（0.27294　0.21702　0.24312　0.17553　0.09139）（40　30　20　10　0）^{T} = 24.0459

运用同样的方法分别得到其他研发项目的评分，并对最后得分情况进行排序如表 6 - 5 所示。

假设已知各项目需投入的资金预算，将总的研发预算资金按项目排列的优先顺序进行分配，直至将可用资金分配完毕，则该企业应选择的研发项目组合为 E、C、A、B。

表 6 – 5　研发项目综合评分排序

研发项目	A	B	C	D	E	F
评价得分	24.0459	18.243	37.256	9.37	47.22	12.38
排序位次	3	4	2	6	1	5
项目需投入资金	300	200	450	700	250	150

　　基于 AHP – FUZZY 评价的 R&D 项目资金分配方法采用了定性和定量分析相结合的方法，并且简单易行，容易为企业管理者所理解和使用，便于在实务中操作运用。该方法使项目组合兼顾企业战略、平衡和企业价值最大化的整体目标，保证有限资源的合理分配，为企业寻求一条 R&D 项目组合资金分配的有效途径（杨继伟、冯延超，2010）。

第六节　基于价值链的门径式研发预算

　　针对目前研发预算效果不佳的原因，本书认为研发预算不但应与价值链分析相结合，更重要的还应对研发过程实行阶段化的过程管理，分阶段、分功能地进行预算管理，因而引入门径管理的概念。

一、研发预算管理难题的根源剖析

（一）缺乏对研发项目过程的管理

　　研发活动从研发性的思维形成开始，经过初步的调查研究、项目筛选、决定开发、中试、检测、试制，到项目的验收，构成一个完整的研发项目生命周期。特别是对于大型复杂的研发项目，有的周期可能长达 3 ~ 4 年。但从研发管理的实践活动看，我国企业对研发项目的管理主要集中在立项管理（可行性的论证）和鉴定验收上，中间仅关心如何运用工程技术的方法（如并行工程），而在实施过程中缺乏阶段性的审核、评估、修正和调整等流程管理。

　　国外的经验表明，研发项目流程管理对项目成功具有重要的保障作用，就研发项目管理而言，投资是开始，验收评价是结束，二者都无法改变和优化研发结果。这种"重两头、轻流程"的研发管理模式，将研发过程视作一个"黑箱"，对"黑箱"内部的运作和资源消耗状况并不关心。因为缺乏中间管理过程，不能对前一阶段的资金投入进行检查和控制，无法对其投资价值作中间评审，所以当研发进程中资源消耗远大于预期，已显示出可能具有重大财务风险、难以取得市场成功时却不能及时中止项目，造成研发资源的巨大浪费。可见研发管理中缺乏对研发项目过程的行为管理，导致了预算控制等价值管理的困难。

（二）研发预算信息依据的不足

任何一种预算，不管是资本预算还是经营预算，不论是零基预算方法还是弹性预算方法，必须有经验信息作为支撑，否则等于闭门造车。对一般的生产销售活动，人们在长期的生产经营过程中，通过会计记录、生产台账等积累和整理，获得了大量的预算依据信息。如财务预算的依据是产品销量预测、工时与材料的标准单耗、合理库存等信息，建设项目可以根据工程量，套用行业、地域的消耗定额和标准系数确定预算投资额。

研发活动处于技术和市场的前沿，是对知识的不断研发和发展，研发过程不可能有完全相同的先例。在这样高度不确定和复杂的环境下，一方面项目实施前很难获得和理解有关信息，另一方面获得的信息可能随情况的变化失去价值，导致对研发项目资源消耗的预计和价值的评估非常困难。当研发项目拟立项时，不仅是企业财务人员，就连研发技术人员也对其能否成功、价值如何、最终的资金投入情况难以把握，相关信息的匮乏和不确定使研发项目的预算变得异常困难。即使编制出了研发项目的整体预算，也可能因环境和信息突变，使预算约束失去意义。

（三）没有区分研发预算双重的功能

研发活动既是投资活动，也是保证企业正常生产经营的日常活动，研发预算用于不同的管理目的时，属于不同的预算范畴。当进行研发项目的可行性论证，进行投资决策、选择项目组合时，是将研发作为一个投资项目，研发预算的功能属于资本预算的范畴。应根据企业所处的价值链位置、竞争对手情况和市场环境等情况判断研发项目的投资价值，以选择正确的研发项目。此时，研发预算要求对研发项目的整体成本投入和收益情况做出估计和预测，为投资决策服务。当研发项目立项实施后，将研发活动视作企业的日常经营活动，主要对研发项目实施过程中的资源投入进行分阶段、分责任中心、分成本明细项目的分配、控制和考评，研发预算的功能属于经营预算的范畴，本书称为资金控制预算，以与研发的资本预算区别。此时，研发预算的编制和考评需要具体化，预算准确度相应要求高。企业在预算管理时如果没有区分或混淆了研发预算不同的功能和用途，预算管理的效果将大打折扣。

（四）研发预算没有考虑企业价值链的影响

企业的经营活动主要涉及三条价值链：纵向价值链、横向价值链和内部价值链。纵向价值链是连接企业与供应商、顾客的价值链，横向价值链是企业与行业内竞争对手之间的联系。从企业内部的整个生产经营过程看，研发→生产→销售→实现经营目标，这是一个不可分割的、完整的价值链。研发作为知识与经验积累的动态认知过程，处在这一价值链的始端，对新产品成本、产品市场价值及其收益起着决定性的影响。同时其本身也是一条独立的价值链，每个研发阶段构成一项基本的价值增值活动。

企业在纵向价值链中的位置、与竞争对手的价值链差异和自身内部价值链的特点对研发项目的价值创造具有重要的影响，即任何研发项目的价值均受上下游企业、同行企业和企业本身生产经营情况的影响。企业进行研发项目决策评价和资金控制时，应当分析纵向、横向和内部价值链对研发项目价值的影响，找到企业在价值链系统中的最佳位置，确定企业在市场竞争中实现价值增值的优势环节，并正确判断与供应商、客户价值链的联系，选择符合企业价值链地位和价值最大化的研发项目。同时，通过对研发活动内部价值链的分析，消除或压缩研发活动中的非增值环节，对重要的增值环节给予更多的资源，促进研发价值链的优化和资源运用效率的提高。但是目前多数企业在进行研发预算时往往缺乏价值链分析，一方面导致研发项目的价值不能准确地预计，可能选择实际价值为负的项目；另一方面造成预算目标通常不是以价值增值为导向，而是以利润为导向，预算管理更多注重成本的减少，而不够注重价值的增加，导致资源分配效率的降低。

二、门径管理的引入

针对目前研发预算效果不佳的原因，本书认为研发预算不但应与价值链分析相结合，更重要的还应对研发过程实行阶段化的过程管理，分阶段、分功能地进行预算管理，因而引入门径管理的概念。

门径管理是罗伯特·库柏（Robert Cooper）1988 年创立的一种新产品开发流程管理技术，其基本思路是将整个研发活动的过程分解成一个个前后相继的阶段，每一个阶段都由一组预先规定的、跨职能的、同时进行的研发活动组成，每个阶段之间设立评审项目、决定研发项目行止的决策点，即门径或关卡（Stage - gate）。当研发项目进行至关卡处时，项目管理者召集相关人员对项目进展情况进行评审，如果项目达到预定的目标和要求，该项目继续到下一阶段，否则分析原因、找出对策或者直接中止该项目。

近年来，国内外应用比较广泛的研发流程管理模式除门径管理外，还有产品周期优化法和集成产品开发等。不同的模式适用于不同研发特点的项目和企业，但它们都强调按一种标准的方法划分产品开发的各个阶段，以便准确地管理研发进程。不管企业采用哪种研发管理模式，根据门径管理的思路，任一研发项目都可以将研发进程中的重大里程碑事件作为门径，对研发项目进行阶段化的过程管理。对研发过程中门径数量的设置可根据研发项目的复杂程度和研发周期的长短决定，尽量与技术活动的管理同步，以便于门径点的评审。例如，某软件项目按研发先后顺序划分为 10 个阶段，形成如图 6 - 3 所示的含有 9 个门径的结构流程图。

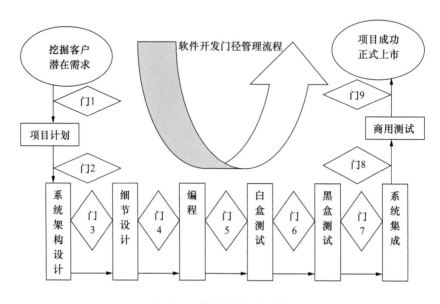

图 6 - 3　软件开发门径结构

在每一门径处，项目相关人员对前一阶段的研发情况进行评审和总结，并对到达下一门径阶段内的任务进行规划和安排。

因为在门径点要求项目管理者对门径前一阶段的研发项目资源投入情况和市场、技术前景进行评估，经过批准后才能进入下一阶段，所以通过对研发流程设置门径，实行阶段化的过程管理，不仅提高了研发项目的成功率，更重要的是可以对研发资金投入实现阶段性的控制。研发预算难题的根源之一在于信息依据的不足，试图一次性的编制研发项目的整体预算用于研发项目的决策和资金控制，是不切实际和徒劳的。但如果将整个研发项目按门径管理的思路分为若干阶段进行预算管理，每一次预算仅对门径点附近阶段的资金进行管理，则预算的依据信息相对而言是比较确定和充足的。

三、门径式研发预算管理的基本框架和特征

通过对研发预算难题原因的剖析和门径管理概念的引入，本书构建了基于价值链的门径式研发预算管理模式。其基本思路是：不论企业采用哪种研发流程管理模式，为方便预算管理的需要，将研发过程中的重大事件或项目进程中的重要标志作为研发进程的门径，对研发预算实行分阶段的管理。在价值链分析的基础下，以资本预算的形式决定研发项目的投资决策和门径行/止决策；以资金控制预算的形式，根据每道门径前后所掌握的信息，评审上一阶段的资金投入情况，并编制下一阶段的预算，直至最后门径。每一道门径处信息量的增加也便于对已实施项目的行/止决策，实现分阶段的研发资金预算控制，其基本框架如图6-4所示。

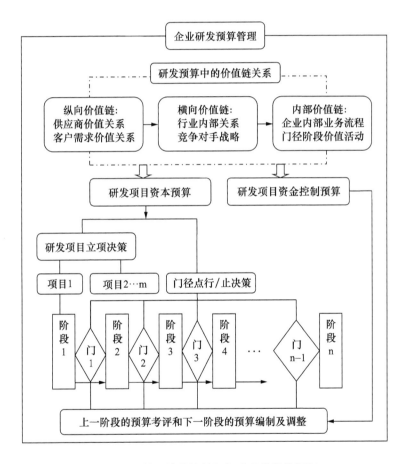

图6-4 基于价值链的门径式研发预算框架

从基本框架图中，可以看出基于价值链的门径式研发预算与一般生产经营预算相比具有以下特征。

（一）以价值链分析为起点，价值增值为目标的预算

价值链分析与价值活动识别是研发预算的基本环节，任何研发项目的价值均受上下游企业、同行企业和企业本身生产经营情况的影响，通过对横向、纵向及企业内部价值链分析，可以对研发项目的价值创造性有更准确的预计。同时，根据价值链理论，在进行研发资金的分配和管理时，不应单纯地关注研发成本的降低，而更多地关注于研发资金创造价值和企业竞争能力的提高。由于研发活动有很大的风险性与不确定性，因此其支出具有一定程度的不可控性，企业都希望用较少的资源完成更多的工作，但研发预算管理不能简单地追求预算成本最小，研发资源的配置应以价值增值为目标，将企业关键资源配置给有效价值增值的活动，达到价值创造和核心竞争力提高的最终目标。

（二）两个层次的预算

研发活动不同于生产销售活动的一个显著特点是它同时是一项投资活动，具有独立的价值创造功能，这个特点使研发预算应该分为两个层次。首先当研发预算用于研发项目的可行性论证，进行投资决策、选择项目组合时，是将研发作为一个投资项目，采用资本预算的方法确定研发项目的投资价值，为项目的投资决策服务。项目进行过程中，获得了新的信息，再用资本预算方法对其价值重新评估，做出继续、暂停、取消的决策。研发预算的第二个层次是对研发项目投资成本的控制，此时需要资金控制预算。当研发项目实施后，在每一道门径点，根据所掌握的信息对上一阶段的资源消耗情况进行评审，分析超耗的原因，并对下一阶段各责任中心、各成本明细项目的资源消耗进行预算分配，合理控制研发项目的资金投入。

（三）逐步求精

任何一种预算，都难以克服信息不充分和信息不对称的障碍，更何况研发预算是对充满风险性和复杂性的研发活动而言。但是从研发活动的进程看，随着研发活动的一步步展开，相关的信息是由"黑"到"灰"再到"白"的渐进过程。研发项目伊始，预算依据的信息量较少，对其价值的评价仅是一个初始值，但每经过一道门径，根据新获得的信息再次对其价值评价，所获结果都会有所改进，最终逐步逼近研发项目的真实价值。同样对研发资金进行控制时，门径前后阶段的预算信息依据相对较易获得，仅对门径后能预见阶段的资金投入进行预算。研发项目进展至下一门径时，对前一阶段的预算执行情况进行总结和分析，编制、调整下一阶段的预算。预算的编制、控制、考评交替进行，前一阶段的考评为下一阶段的预算编制和资金控制提供了依据，逐步递进，分阶段地实现对研发资金投入的预算控制。

（四）全过程预算监控及门径调控

研发预算的两个层次，资本预算和资金控制预算贯穿于研发项目的整个生命

周期。研发项目随着进程的推进，每一道门径达到的成果信息和前一阶段成本监控获得的信息，都将改变原先估计的技术和市场成功概率，如果外界环境发生突变，将极大影响到正在进行中的研发项目价值。项目价值在整个生命周期内都在发生变化，基于预算的监督和控制活动应该贯穿于研发项目的全过程。通过门径点的评审，根据新信息及时安排下一阶段的资金控制预算，并对研发项目进行暂停、继续或取消的决策，最大限度降低研发资源浪费。

四、基于价值链的门径式研发预算管理的具体实施

（一）组织体制

企业要想有效地实施研发预算管理，基于价值链的门径式预算模式要求企业建立三个层次的预算组织。

首先，进行研发项目决策的资本预算时，由于涉及公司的发展战略和企业内外部价值链的分析，需要企业层次较高的人员组成。应建立包括企业高层领导、研发部门负责人、财务负责人、供应商和客户代表的研发项目预算管理委员会，负责研发项目的立项决策。

其次，项目门径点的止行决策预算，可由研发部门、市场部门和财务部门共同审核，但是当发现项目不再具有价值，拟暂停或中止时，应提交公司高层的预算管理委员会决策。

最后，对资金控制预算的编制和考评应授权给研发部门自己完成，以充分调动研发人员研发的主动性和积极性。

（二）价值链分析

罗伯特·库柏归纳出新产品失败的原因之一即是市场调研不充分或是获得了错误的市场信息，这导致产品对顾客来说缺乏价值，其实质原因是缺乏对横向价值链和纵向价值链的分析。从纵向价值链看，价值从最终客户经由若干企业向上游企业流动，并在各链上企业之间进行分配，单个企业不可能独享最大份额，而是会受到上下游企业对自身利益追求的约束。从横向价值链看，主要看与竞争对手价值链的区别以及研发项目与同行企业是否有冲突。如果研发投入后，结果发现该项目与竞争对手相冲突，而本企业在质量、成本上并不具有优势，则研发项目的价值将大打折扣。可见研发项目价值受到来自纵向、横向价值链上的各种约束因素影响，企业必须分析自身的技术与经营实力以确定在价值链中所处的位置，合理预算研发项目的价值，并据此向研发项目分配资源。

从内部价值链看，研发是企业价值链的始端和核心，对后续生产、营销、服务等活动的价值和成本产生着直接的影响，而后续各环节的信息又反过来影响研发项目的效果，企业的内部价值活动之间存在着很大的关联性，研发项目的价值

最终要靠后续活动实现。企业后续价值链环节对研发项目的价值同样具有影响，如果不考虑这一影响因素，对研发项目的预算将出现偏差。同时，研发活动的每一个门径阶段，构成一条独立的价值链，各环节的价值增值程度是不同的。通过对研发活动内部价值活动增值情况的分析，根据研发活动的价值增值大小分配各阶段的资源。

（三）项目立项的资本预算

市场需求的快速变化、产品寿命周期的缩短、研发项目的风险性等要求企业同时进行多个研发项目。但企业研发活动的资金毕竟是有限的，符合企业战略和企业价值链特点的候选研发项目有多个，如何在多个研发项目之间做出选择，把有限的资金分配到对企业最有利的项目上，需要研发项目的资本预算解决。资本预算的方法有净现值法、剩余收益法、实物期权法等，在运用时必须分析企业所处的横向价值链、纵向价值链和内部价值链，预计它们对研发项目的预计现金流量、折现率、项目生命周期和投资成本等的影响。只有考虑了三个方面的价值链影响后的资本预算，才更接近研发项目的实际价值。研发项目的价值确定后，再结合投资报酬率、企业战略及平衡等目标，选择合适的研发项目组合立项。

（四）门径点的行止决策预算

研发项目的初次资本预算是在信息依据较少的情况下得到的，其价值可能随着条件的变化而改变，甚至丧失。随着研发过程的逐步推进，有关成本消耗和横向、纵向及内部价值链对项目价值影响的信息量一步步增加，依据新信息对项目资本预算的准确度也将提高。在门径点及时对项目价值重新评审，做出通过/淘汰决策，可以避免后续阶段研发资源的浪费，把企业的稀缺资源分配到真正有价值的研发项目上。特别是对于研发投入远远超过预期的项目，门径点的行止决策预算尤为重要，在越靠前的门径点淘汰掉无价值的研发项目，越能降低对研发资源的浪费。

（五）门径点的资金控制预算

项目的立项预算和门径决策预算仅能解决研发项目的抉择问题，从总体方面控制研发资金的投入。具体到每一个实施中的研发项目上，需要再进一层次的资金控制预算对研发资金投入进行控制。那种认为研发活动是创造性的活动，如果对研发资金投入进行限制将扼杀研发人员积极性的看法是错误的。国内外成功的企业在研发管理时都强调让研发人员直接面向市场，做"技术商人"，树立成本意识。"凡事预则立，不预则废"，对研发活动要达到的成果和需消耗的资源进行预计，使各项活动在一定的资源约束下进行，一方面使研发人员树立成本意识，另一方面当资源消耗远大于预算时，可以及时中止财务上不可行的项目。

资金控制预算时同样需要考虑企业所处价值链和研发项目内部价值链的影

响，高价值的项目和价值增值大环节应该优先分配到足够的资源。资金控制预算可以采用弹性预算、零基预算、工程估算等方法，应将预算明确到责任中心，明确到成本明细项目。研发活动风险性所导致的预算信息不足，使企图通过一次性的预算实现研发资金的控制是不可行的。分阶段的预算把一次预算改变为门径点的多次预算，降低了信息不完全对预算准确性的影响。当研发项目进展到第一道门径时，根据前一阶段观测所掌握的信息，编制下一阶段的预算，各门径点预算编制、预算执行和预算考评交替进行，在研发项目周期内形成一条滚动的动态预算组合。每道门径的研发技术成果信息和前一阶段预算执行信息的获取，丰富了预算编制的依据，使资金控制预算更切合实际。

此外，为了加快研发速度，有时允许阶段间的重叠，即下一阶段的某些任务可以在上一阶段还未结束时就开始，此时可以根据情况对门径点后两个阶段的资金消耗编制预算。

五、门径式研发预算的后果

许多企业投入了巨额的研发资金，但研发的绩效却欠佳，有的企业则是"技术成功，效益失败"。究其原因，在于企业选择研发项目时没有进行严格的资本预算，研发项目实施后，缺乏对资金投入的预算控制。本书剖析了目前企业未能对研发活动实施有效预算管理的原因，将价值链思想和门径管理引入研发预算管理中，构建了基于价值链的门径式研发预算模式。

该模式将研发过程中的重大事件或项目进程中的重要标志作为研发进程的门径，对研发预算实行分阶段的管理。根据预算的目的不同，将研发预算分为两个层次。通过对横向、纵向及企业内部价值链分析，以资本预算的形式决定研发项目的投资决策和门径行/止决策；以资金控制预算的形式，根据每道门径前后所掌握的信息，评审上一阶段的资金投入情况，并编制下一阶段的预算，直至最后门径。该模式考虑到了横向、纵向及企业内部价值链对研发项目价值的影响，并将一次预算改变为门径点的多次预算，克服了预算信息依据不足的问题，能够实现对研发资金的有效预算控制，并把有限的资源合理地分配到价值最大的研发项目和研发环节上（冯延超，2010）。

第七节　研发项目的门径式中止决策

研发资金失控的一个重要原因是不能及时中止不能产生预期效益的项目，门径式研发预算，要求在研发项目的每一个门径点都要进行行/止决策分析。R&D 的中止决策是在项目实施的各个阶段，根据目前的研发实际状况对项目做出判断，决定项目是继续进行，还是提前中止。其原理如图 6 - 5 所示。

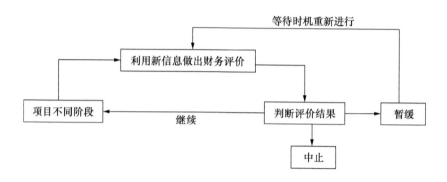

图 6 - 5　项目中止决策原理

通过在每个阶段对研发项目进行财务判断与分析，可以初步中止那些预期收益不高的在研或者在开发项目。但这只是对项目进行了一个很粗略的筛选，可以说还只停留在中止决策的起步阶段，对于研发项目的中止决策来说，更重要的是后面详尽的财务评价与分析。本书主要采用了期权价值评价模型和费用最佳投资模型来构建研发项目中止决策的财务评价框架（董斐，2008）。

一、中止决策的评价框架

研发项目中止决策分为两种：一种是多项目中止决策，即对同时进行的一组研发项目，每进行到一定阶段，便决定应当淘汰哪些项目以及应当保留哪些项目，它实际上是对研发项目不断淘汰、筛选的过程。另一种是单项目中止决策，即仅仅就某一个研发项目进行中止决策。由于企业往往有多个研发项目同时处于实施过程中，所以我们在进行财务评价时要寻找出既能应用于单项目中止决策，又能对同时进行的多个项目做出筛选的方法。

很多评价方法都只停留在项目初期的选择上，是对项目的一次性选择。而中止决策是一种过程评价，研发项目由一系列不同阶段组成，如初步构想、研究与开发、中试、生产以及商业化五个阶段，所以在每一阶段都要对项目进行动态的跟踪评价，从而决定哪些项目该继续，哪些该延迟或中止。针对研发项目的阶段性特点，本书先采用期权价值评估法进行单项目评价，中止一部分预期收益低于投入的项目。此时的评价结果可能都为正，且数值很接近或相等，但企业的资源有限，不可能同时对所有的项目进行投资，所以我们要进行下一步评价和分析，即从项目总费用的角度出发，以企业项目总费用最小化为优化标准，建立项目费用最佳投资模型，得出企业在某个时间段内研发项目的最佳数量。最后再次采用期权方法对每个项目进行单独评价，然后按照预期价值从高到低排序，选出最佳数量的研发项目，这样就可以对多个研发项目延迟或中止进行正确的评价。通过费用模型淘汰的项目其预期收益有可能通过期权评价模型的检验，对于这类项目我们应该考虑对它们进行暂缓投资，待企业有充足的资金提供或者各方面信息适合继续时，再对其进行继续投资，此时要对项目进行延迟价值分析。

研发项目中止决策的财务评价框架具体构建过程如下：企业往往同时拥有很多个研发项目需要投资，在开始时首先对多个项目的初步构想（开始投资）进行评价，中止一部分不成熟或没有前景的构想，其余的进入阶段 1——研究开发阶段（开始投资）；在阶段 1 先用期权价值评估模型评价所有的项目，淘汰所有评价结果（预期价值）为负的项目，然后利用项目费用最佳投资模型得出企业在阶段 1 内项目组合的最佳数量，淘汰一部分项目（预期价值最小的项目），其余的进入阶段 2——中试阶段；在阶段 2 同样先用期权价值评估模型进行评价，然后利用项目费用最佳投资模型得出企业在阶段 2 内项目组合的最佳数量，淘汰掉预期价值最小的项目。依次类推，一直到商业化阶段，若商业化阶段的项目数多于项目组合的最佳数量，可继续用期权价值估算模型进行评价，最后确定最佳的研发项目。在每个阶段末，对被淘汰的预期价值为正的项目进行延迟价值分析，待企业有充足的资金或者时机恰当时，就可以从中选择一些预期价值大的项目继续投资。企业研发项目中止决策财务评价框架，如图 6 - 6 所示（董斐，2008）。

二、单项目中止方法——研发项目的期权价值估算模型

在研发项目的中止决策中，管理者拥有继续项目、中止项目和改善项目的选择权，或者称为期权，我们认为这种选择权是有价值的，并且可用现值衡量。研发项目的期权价值是指在假定该项目研发完成并投入生产销售所能带来的预计的销售收入减去预计生产和销售成本之后大于等于零的现金流的现值。对于单个研发项目，若项目各阶段未来的现金流小于零，则企业不会选择继续该项目。

研发项目对应的标的物的价格是将这个研发项目投入生产和销售的成本，而对于标的物的成交价格是项目进行生产和销售的收入，即项目的期望收入，判断是否要对项目进行中止取决于这两个变量。

（一）Morris，Teisberg 和 Kolbe 期权价值估算模型

目前，在金融期权定价模型中被广泛接受的是 Black - Scholes 的期权定价模型，该模型可以说是期权模型中最经典和应用最多的一个，是投资者用来估计期

权的价格的。然而，这个模型的假设条件比较多，而且比较苛刻，比如假设将来的股票价格或者 R&D 项目的现金流是标准正态分布的，并且不能是负值，但这些假设在很多情况下都很难实现。在分析了传统金融期权定价理论在 R&D 项目的期权性价值领域的应用之后，针对 Black - Scholes 期权定价模型的缺点及其在现实应用中的不足，Morris，Teisberg 和 Kolbe 对 Black - Scholes 模型进行了改造，建立了 R&D 项目的期权价值估算模型。

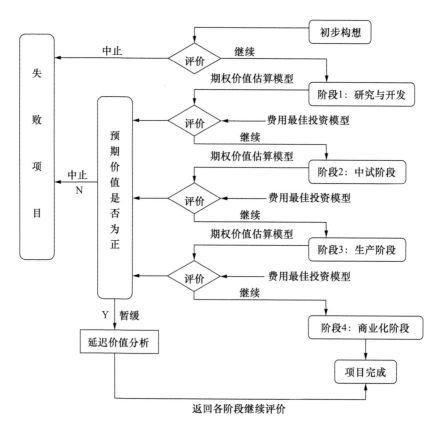

图 6 - 6　研发项目中止决策财务评价框架

Morris，Teisberg 和 Kolbe 建立的 R&D 项目的期权价值估算模型也有两个比较容易达到的前提条件：第一，此处的研发是指在投入生产和销售过程之前的阶段，即投资者判断的时点是在图 6 - 7 中的 A 点；第二，投资者在研发完成之后（即图 6 - 7 中的 B 点）要决定是否进行生产和销售。图 6 - 7 中向上向下的箭头分别代表未来现金的流入和流出。

从上面的假设可以得出这样的结论：如果投资者在图 6 - 7 中的 A 点进行预

计时认为，当研发项目到期后也就是在该项目研发成功后，进一步投入生产和销售的成本将大于销售取得的收入，那么这个研发项目就不具有投资价值。相反，如果预计将来生产和销售的成本小于预期的销售收入，那么投资者就可以选择对这个项目进行投资。可以看出，该模型创建时主要是用于项目投资之前及研发阶段的评价，事实上，我们可以把该方法扩展到研发项目生命周期的每个阶段。

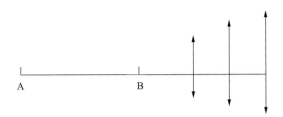

图 6 - 7　投资者判断时点

在研发项目的每个阶段初，我们都对其预期价值进行分析，可以用公式表示为：

$$V^* = \max[0, R - K] \tag{1}$$

或者

$$V^* = \begin{cases} R - K & \text{if } R > K \\ 0 & \text{if } R \leqslant K \end{cases} \tag{2}$$

式中，V^* 代表研发项目的价值；R 代表项目期望收入的净现值；K 代表项目生产和销售成本的净现值。若假设贴现率为 r'，固定无风险利率为 r，该研发项目以现行的水平保持 m 年的经济寿命，则 n 年后项目收入和成本的净现值可分别表示为：

$$R = \sum_{t=1}^{n} R_t \cdot \frac{1}{(1+r)^t}, K = \sum_{t=1}^{n} K_t \cdot \frac{1}{(1+r)^t}$$

由于企业没有办法知道 V^* 到底是多少，直到这个项目结束，所以必须用 R 和 K 的期望值来对 V^* 进行估计。

式中，对 R 和 K 的估计是根据相关行业和相似的研发项目的投入和产出得到的。

假设 X 是净现金流，X = R – K，那么项目的期望价值由公式表示：

$$E[V^*] = \int_0^\infty x f_x(x) dx \tag{3}$$

这里 $f_x(x)$ 是净现金流的密度函数，如果销售收入、生产和销售的成本呈正态分布，很容易从 R 和 K 推出 $f_x(x)$ 的分布。即使收入和成本不是正态分布，我们也可以用线性代数的相关知识推导出净现金流的密度函数。

假定折现率为 r，对式（3）计算结果进行折现可以得到：

$$V = e^{-rt} \int_0^\infty x f_x(x) dx \qquad (4)$$

可见，如果可以从 R 和 K 的数据推断出 X 的分布，就可以用上面这个公式来估计研发项目的期权价值。

在假设 R 和 K 是独立、正态分布的情况下，这两个正态分布的随机变量的均值是 μ_r 和 μ_k，方差是 σ_r^2 和 σ_k^2。这样 $X = R - K$ 是正态分布，均值是 $\mu_x = \mu_k - \mu_r$，方差是 $\sigma_x^2 = \sigma_r^2 + \sigma_k^2$。假设净现金流大于零的概率为 p，这样研发项目在完成时的期望值可以由公式（3）推导出如下表达式：

$$E[V^*] = \frac{\sqrt{\sigma_r^2 + \sigma_k^2}}{\sqrt{2\pi}} e^{-\frac{(\mu_r - \mu_k)}{2(\sigma_r^2 + \sigma_k^2)}} + (\mu_r - \mu_k) p \quad (X > 0) \qquad (5)$$

（二）对 Morris，Teisberg 和 Kolbe 模型的修正与改进

通过对 Morris，Teisberg 和 Kolbe 模型的深入分析和理解，我们可以看出该模型也有其不足之处。

一方面，模型中对预期收入和成本的估计来源于相关行业相似产品的生产及销售的成本和收入，而没有考虑项目本身在不同的内外部环境下所固有的特点。因此在基本收集了现有的相关行业的相关产品的生产、销售成本和收入之后，估算出的 R&D 项目的期权性价值是一个客观值。但是，不同的产品在生产和销售的时候必然有其自身的特点，因此在计算时应该充分考虑对 Morris，Teisberg 和 Kolbe 模型计算结果的各种影响因素，也就是要根据企业自身产品生产和销售的特点调整行业平均值，然而对这些影响因素和它们影响力的判断也是因人而异的，是主观的，不容易用一个定量的模型描述。所以我们就需要用定性分析的结论对定量计算结果进行修正。

另一方面，由于 R&D 项目的不确定性特点，即使决定要对一个 R&D 项目进行投入，也不能仅凭一次估算就完全放心地把资金投入进去。因为随着研发的进行，一些因素对项目的影响越来越明朗，之前的一些不确定因素或许已经开始转化为确定性因素，此时，我们对研发项目价值判断的依据越来越充分。因此，应该在投入生产和销售之前，也就是研发项目的每个阶段，每隔一段时间就对项目的预期现金流量进行持续的估算，防止在项目研发结束时才发现不能进行生产和销售，造成前期投入的巨大损失。

鉴于 Morris，Teisberg 和 Kolbe 模型存在以上的不完善之处，现对其进行修正与改进，可以得到适用于研发项目各阶段的期权价值评估模型。

对现金流的估计可以分成以下几个步骤进行：

第一步，首先收集相关行业或相似项目的有关收入和成本的数据及资料，用式（5）进行估算，并且把这个估算结果的折现值作为决策的初步依据。

第二步，在第一步计算结果的基础上，确定项目预期收入和生产、销售成本的影响因素对它们的影响程度各是多少。挑选技术专家、生产专家、销售专家等组成专家小组，利用他们的职业经验对影响研发项目生产和销售的收入和成本因素进行分析。具体步骤是：首先，在专家小组讨论的基础上，罗列出对调研项目的生产和销售最可能的影响因素；其次，由小组中的专家各自独立地对各影响因素对收入和成本的影响程度进行评价，可以采用打分评价等方法；最后，汇总出包括各个专家意见在内的总的影响收入和成本的影响因素各是多少，这里的影响程度用百分比的形式表示。

第三步，根据第二步中得出的收入和成本的影响程度，调整研发项目的预期收入和成本。假定收入和成本两个随机变量都受到专家小组汇总影响因素的影响，则新的收入的均值可以表示为 $\mu'_k = (1 + n\%)\mu_k$，式中 n% 是各影响因素对收入影响的百分比；新的生产和销售成本的均值可以表示为 $\mu'_r = (1 + m\%)\mu_r$，式中 m% 是各影响因素对生产和销售成本影响的百分比。同理，新的收入的方差表示为 $\sigma_r^{2'} = (1 + n\%)^2\sigma_r^2$；新的生产和销售成本的方差表示为 $\sigma_k^{2'} = (1 + m\%)^2\sigma_k^2$，再把新的数值代入式（5）中，对计算结果重新进行折现。

最后，比较初步计算结果和修正之后的计算结果，遵循谨慎性原则，投资者原则上应该选取两者中较小的值，作为该研发项目期权的估计值。

研发项目未来现金流的估计步骤可用图 6 - 8 表示。

对于一个研发项目来说，我们应该在其研发生命周期的每个阶段都对其未来现金流进行循环不断地估算。当经过调整后的研发项目的期权价值大于零，并且投资者对结果较为满意时，就继续项目下一阶段的投资，否则中止该项目。这种方法主要是对单项目中止评价而言。当企业有很多个项目同时进行时，我们需要结合项目最佳中止比例模型而筛选出每一阶段的最佳项目。

三、对研发项目期权价值估算模型的应用

为了更好地说明该模型的应用，现举例子加以说明。

假定 ABC 公司现有一个新的 R&D 项目要投资，这个项目预期可以在 3 年之内研发结束。从与这个项目相关的产品的生产和销售经验看，影响销售收入的主要因素有消费者需求结构、竞争者的影响、市场进入壁垒；影响成本的主要因素有生产成本、企业发展成本、销售成本等。预计未来收入呈正态分布。根据行业中相似产品的近三年统计数据，公司研发部门得到：该项目预期收入的平均值为

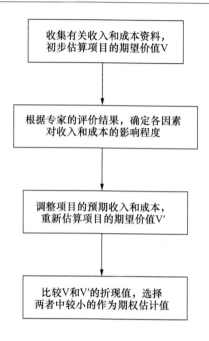

图 6 - 8 研发项目未来现金流量的估计步骤

9M 和标准差是 1.732M；并且生产和销售的平均成本是 8M，标准差是 1M。这样，净现金流量也呈正态分布，平均值是 1M，标准差为 2M，其大于零的概率 P 是 0.69。根据项目预期价值的推导式（5），可以计算出此 R&D 项目的预计的正的净现金流的期望值是：

$$E[V^*] = \frac{2}{\sqrt{2\pi}} e^{-\frac{1}{2\times2^2}} + 1 \times 0.69 = 1.39M$$

假设折现率为 10%，则该项目预计的期权价值是 1.04M。初步定量计算之后，由技术专家、生产专家、销售专家等组成的专家小组对影响收入和成本的主要因素进行分析，ABC 公司的专家小组每个成员都对收入和成本进行了分析，其中一位销售专家的分析结果如表 6 - 6 所示。

当专家小组中每个成员都填完表之后，把全体小组成员的表格进行汇总，汇总的时候根据组内各专家在生产和销售管理中不同的地位和经验，给每个人所填制的表格分配不同的权数，然后进行加权平均得出各因素对收入和成本的总的影响程度（用百分比来表示）。假设 ABC 公司该投资项目最后得出的结论为：预期收入将增加 10%，生产和销售成本将增加 5%，预计的收入仍然是正态分布，则新的平均收入 10M 和标准差是 1.9M，并且生产和销售成本也是正态分布的，则新的平均成本是 8.4M，标准差是 1.05M。这样净现金流量是正态分布，平均值是 1.6M，标准差是 2.17M，其大于零的概率 P 是 0.71。由此得到该 R&D 项目的新的正的净现金流的期望值为：

$$E\left[V^*\right] = \frac{2.17}{\sqrt{2\pi}}e^{-\frac{1.6}{2\times 4.73}} + 1.6\times 0.71 = 1.76M$$

表 6 - 6　主要影响因素对收入和成本的影响

收入影响因素	估计对收入的影响程度	成本影响因素	估计对成本的影响程度
消费者需求结构的影响权数 45%	20%	生产成本的影响权数 40%	10%
竞争者的影响权数 35%	10%	企业发展的影响权数 20%	12%
市场进入壁垒的影响权数 20%	- 5%	销售渠道的影响权数 40%	- 5%
平均影响程度	45% ×20% + 35% ×10% + 20% ×（ - 5%）= 11.5%	平均影响程度	40% ×10% + 20% ×12% + 40% ×（ - 5%）= 4.4%

注：正值表示对收入（成本）呈正向影响，负值则表示对收入（成本）呈反向影响。

　　如果折现率仍然是 10%，那么这个项目按照修正后的模型估算的新的期权价值为 1.32M。通过对上面案例的计算可知，修正后的投资结果比修正前的大，遵循稳健性原则，这个项目的期权价值是 1.04M。

　　同样的方法可以应用于研发项目的每个阶段，随着项目的不断发展，一些不确定性因素开始逐渐变得明朗起来，项目的内外部环境也不断地发生着变化，所以当项目进行一段时间（比如一年）的研发之后，需要对其进行重新评价。可以再次组织专家小组按照评价当时的生产销售变化情况，给出根据变化了的条件估计的对预期收入和预期成本的影响程度的估计值，并把修正之后的预期收入和预期成本代入式（4）进行计算。对于计算出来的结果，折现到 A 点之后，同样还是应该遵循稳健性原则，把原来计算结果和新的计算结果中较小的值作为该项目的期权价值。当新计算出的项目的期权价值太小以至于无法很好的开展研发时，投资者就应该考虑是否退出，以减少损失。

　　总之，修正之后的期权价值估算模型对 R&D 项目价值对估算更加稳妥和可靠，所以我们在采用它进行单个项目的中止决策时也更加可靠，可以及时中止掉预期价值为负的项目；而对于预期价值为正的项目，也遵循谨慎性原则进行筛选。研发项目的期权价值估算模型为下一阶段项目进一步的中止决策奠定了基础，做好这一步工作，一方面可以中止一些完全没有价值甚至会给企业带来亏损的项目，减少企业后期在这类项目上不必要的投资；另一方面也为下一步的项目组合最佳中止比例模型筛选出相应数量的研发项目做好了前期的准备工作（董斐，2008）。

四、多项目中止方法——研发项目组合最佳中止比例模型

（一）项目组合最佳中止比例模型

由于企业的资源是有限的，每个阶段可以投入项目的研发费用也是有限的，企业不可能同时对预期收益为正的项目都进行投资，所以必须计算出每个阶段项目的最佳组合数量，从而把有限的资金投入到高质量的项目中，为企业创造出更高的价值。

为了问题的简便，我们首先从两阶段分析研发项目的最佳中止比例，然后再将其扩展到多个阶段。假定研发过程分为两个阶段，即研究开发阶段和商业化阶段。在此基础上给出研发项目从研发阶段进入商业化阶段时的选择比例模型。以 R&D 活动费用最低为优化标准，可以得出 R&D 项目从研究开发阶段进入商业化阶段所选择的最佳比例。投资费用关系式为：

$$C = \frac{r + xR}{xy} \qquad\qquad (6)$$

式中，C 为企业研发活动总费用；r 为研发项目在研究开发阶段的平均费用；R 为研发项目在商业化阶段的平均费用；x 为从研究开发阶段进入商业化阶段时继续进行投资的项目占总项目数量的比例；y 为研发项目在商业化阶段的成功率。

并进一步假设 y =（α - β）x + β，α、β 分别为研发项目在商业化阶段的最低成功率和最高成功率，对式（6）极小化得最优解 x^*，即：

$$x^* = \frac{\left[-1 + \sqrt{1 + \dfrac{M}{\Gamma}} \right]}{M} \qquad\qquad (7)$$

式中，M = R/r，Γ = 1 - α/β，x^* 即为从研究开发阶段进入商业化阶段时应继续研究的项目数占总项目数的最佳比例。但该模型对于应选择哪些 R&D 项目和确定企业 R&D 项目组合最优数量则无能为力。而且在实际操作中，等同对待企业的每个 R&D 项目有较大的局限性。

为了进一步研究选择哪些技术研发项目及确定项目群组合的最优数量。我们在以上基础上，根据研发项目的实际资金支出情况，将其分为 n 类（如投资 > 50 万元；50 万元 ≤ 投资 ≤ 100 万元；100 万元以上等），通过 R&D 项目的分类，可以提高模型的可行性和有效性。则在研发项目投资过程划分为两阶段的情况下，

企业 R&D 项目费用模型可以表示为：

$$C = \sum_{i=1}^{n} \frac{N_i(r_i + x_iR_i)}{x_iy_i} \tag{8}$$

式中，N_i 代表企业（按研究开发费用划分）预计要实现的第 i 类研发项目数量；x_i 代表被选择继续开发的第 i 类 R&D 项目数量占研究阶段第 i 类 R&D 项目数量的比例；y_i 为第 i 类 R&D 项目在商业化阶段的成功率；r_i 为第 i 类 R&D 项目研究阶段的平均研究费用；R_i 为第 i 类 R&D 项目在商业化阶段的平均开发费用。假定各类 R&D 项目是彼此独立的，则从研究开发阶段进入商业化阶段，被选择的第 i 类 R&D 项目占总数量的最佳比例为：

$$x = \frac{\left[-1 + \sqrt{1 + \dfrac{M_i}{\Gamma_i}} \right]}{M_i} \quad i = 1, 2, \cdots, n \tag{9}$$

式中各字母含义同式（7），其中 α_i 与 β_i 可由企业历年的统计资料推出。

因此，从研究开发阶段进入商业化阶段，应被中止的第 i 类项目数量占其总数量的最佳比例为：

$$1 - x'_i = \frac{M_i + 1 - \sqrt{1 + \dfrac{M_i}{\Gamma_i}}}{M_i}, \quad i = 1, 2, \cdots, n \tag{10}$$

在研究开发阶段，第 i 类 R&D 项目最佳数量为：

$$N'_i = \frac{N_i}{x_i\left[(\alpha_i - \beta_i)x_i + \beta_i \right]} \quad i = 1, 2, \cdots, n \tag{11}$$

以上是在 R&D 项目划分为两阶段的情况下得出的结论，而在企业项目的实施过程中，R&D 项目的划分往往不止两个阶段，所以就需要将其推广到三阶段或多阶段，如 R&D 项目划分为三个阶段：初步构思阶段、研究开发阶段和商业化阶段，则三阶段费用模型可表示为：

$$C = \sum_{i=1}^{n} \frac{N_i(r_i^0 + x_ir_i + x_iy_iR_i)}{x_iy_iz_i} \tag{12}$$

式中各字母的含义类似式（8）。C 是企业研究开发活动的总费用；N_i 为企业预计成功实现第 i 类 R&D 项目数量；x_i 为被选择进入研究开发阶段的第 i 类 R&D 项目数量占项目初步构思阶段的该类 R&D 项目数量的比例；y_i 为被选择进入商业化阶段的第 i 类 R&D 项目数占研究开发阶段的该类 R&D 项目数的比例；z_i 为第 i 类 R&D 项目在商业化阶段的成功率；r_i^0 是第 i 类 R&D 项目经过初步构思阶段所需费用均值；r_i 是第 i 类 R&D 项目经过研究开发阶段所需费用均值；R_i 是第 i 类 R&D 项目商业化阶段所需费用均值。

我们可以知道，变量 x_i 与第 i 类 R&D 项目从项目初步构思阶段过渡到研究开发阶段时筛选的严格程度呈负相关关系。因此，x_i 与进入研究开发阶段 R&D 项目的质量也呈负相关关系，进而与 R&D 项目在商业评估阶段的成功率 y_i 也呈负相关关系。根据 y_i 与 x_i 之间的影响强度，可选择幂函数关系式 $y_i = \alpha_i^1 - \beta_i^1 (x_i)^p$（$\alpha_i^1$，$\beta_i^1$，p 均为非负数）来描述 y_i 与 x_i 之间的相关关系，其中，α_i^1 与 β_i^1 同样可由企业统计资料推出。又由于商业化阶段的成功率 z_i 与选择进入商业化阶段的研发项目的比例 y_i 之间也存在着负相关关系，所以商业化阶段 R&D 项目的成功率 z_i 与初步构思阶段 R&D 项目的选择比例 x_i 之间存在着正相关关系，假定 $z_i = \alpha_i^2 + \beta_i^2 x_i$（$\alpha_i^2$，$\beta_i^2$ 为 0、1 之间的数），将 y_i 和 z_i 代入公式（12），以 R&D 项目费最小为最优标准，便可以计算出各阶段的最佳中止比例。根据预计实现的 R&D 项目数，就可以计算出 R&D 项目在各阶段的最佳数量。

（二）项目最佳中止比例模型的结果分析及应用

前文讨论了 R&D 项目划分为两阶段或三阶段情况下，如何确定企业正在实施的多个 R&D 项目的最佳中止比例。现对两阶段项目最佳中止比例模型有关结论进行具体的分析和探讨。由式（9）可知，从研究开发阶段过渡到商业化阶段时，R&D 项目的最佳中止比例由 R_i/r_i 和 α_i/β_i 决定。根据式（11）可以知道，企业第 i 类 R&D 项目组合的最优数量 N_i' 由 N_i、R_i/r_i、α_i 和 β_i 共同决定。因此，仅需知道企业第 i 类 R&D 项目研究开发阶段与商业化阶段平均费用比（R_i/r_i）、企业商业化阶段成功率的最小值（α_i）与最大值（β_i）近几年的统计数据，便能够成功地对正在实施的 R&D 项目进行中止决策。进而，根据企业年度的 R&D 活动预计完成科技成果数量（N_i），就能够较好地制定出企业研究开发计划。比如，某企业第 i 类 R&D 项目预计成功完成开发的数量为 10，研究开发阶段与商业化阶段平均费用比 $R_i/r_i = 1000$、$\alpha_i = 0$、$\beta_i = 1$，则从研究开发阶段过渡到商业化阶段时，该类 R&D 项目最佳的中止比例为 96.94%，企业 R&D 活动研究阶段最佳的立项数量应为 337.2 项。运用费用最佳中止比例模型，借助计算机辅助运算，我们分别列举了几种情况下研发项目的最佳中止比例，如表 6-7 所示。

表 6-7　研发项目最佳中止比例计算结果

	$R_i/r_i = 10$	$R_i/r_i = 100$	$R_i/r_i = 500$	$R_i/r_i = 1000$
$\alpha_i = 0$，$\beta_i = 1$	77.89%	91.32%	95.82%	96.94%
$\alpha_i = 0.2$，$\beta_i = 1$	74.31%	89.98%	95.23%	96.56%
$\alpha_i = 0.3$，$\beta_i = 0.5$	58.79%	85.32%	93.12%	95.21%
$\alpha_i = 0.6$，$\beta_i = 0.75$	38.59%	78.61%	90.2%	93.03%

从表 6 – 7 可以看出，在研究开发阶段，项目的中止比例与企业的 R&D 活动经费在研究开发阶段与商业化阶段的分配情况有较大的关系，即 R&D 项目最佳中止比例与 R_i/r_i 呈正相关关系。如果企业的 R&D 活动经费在商业化阶段分配比重大、在研发阶段分配比重小，则表明企业在研发阶段的研发资源投入相对不足，这样就可能难以对 R&D 项目做出全面、准确的评价，进而难以准确判断这些项目的发展前景。因此，需要多选择些 R&D 项目进入研究阶段，以确保有足够多的发展前景较好的 R&D 项目进入下一阶段，使企业 R&D 项目计划能够成功实现。另外，在初始阶段，没有发展前景的 R&D 项目可能较多，因此对这些项目进行严格筛选，确保尽早识别出那些没有发展前景的 R&D 项目，并加以中止。这样便能够提高商业化阶段 R&D 项目的质量，降低商业化阶段的经费。

本节提出的项目最佳中止比例模型应该与前文的研发项目期权价值估算模型结合起来应用，才能发挥它的最大作用。具体的操作步骤可根据前文提出的研发项目中止决策的财务评价框架进行。

仍以 ABC 企业为例来说明项目最佳中止比例模型的应用，假设 ABC 企业现有 10 个 R&D 项目，企业领导发现投入研发项目的资金不能保证 10 个项目都进行下去，所以现需进行中止决策。该企业 R&D 项目过程为三阶段划分法，且这些项目都属较大投资类项目。根据对该企业近几年统计数据的分析，该企业 R&D 活动，在商业化阶段、研发阶段、初步构思阶段的平均费用的比例，即 $R/r/r^0$ 为 100/10/1；研发阶段的成功率 y 与初步构思选择阶段选择比例 x 之间的函数关系为 $y = 0.9 - 0.8x$；商业化阶段的成功率 z 与构思初步选择阶段选择比例 x 之间的函数关系为 $z = 0.7 + 0.2x$。代入式（12）总费用函数得：

$$C = \frac{N_i^0 [1 + 10x + 100x(0.9 - 0.8x)]}{x(0.9 - 0.8x)(0.7 + 0.2x)}$$

以费用 C 最低为优化标准，解得 x = 47.9%，y = 51.7%，z = 79.6%。

因此，构思初步选择阶段过渡到商业评估阶段时，最优中止比例为 52.1%；商业评估阶段过渡到开发阶段的最佳中止比例为 48.3%；开发阶段最优中止率为 20.4%。根据上述结论，这 10 个 R&D 项目，在构思初步选择阶段应中止 10 个项目，在商业评估阶段应中止 5 个项目，在开发阶段应中止一个项目，有 4 个 R&D 项目开发成功，这与实际情况基本吻合。进而根据各项目在每一阶段期权价值评估模型所得的预期收益排序来决定是否应被中止项目（董斐，2008）。

五、研发项目中止后的财务问题

当我们采用前文中的方法对一些 R&D 项目进行中止后，中止工作并没有就此结束，这些被中止的项目不能搁置不管，还有很多善后工作，尤其是中止后的财务问题需要进行处理。比如 R&D 项目被中止后原来投入该项目的剩余资金如何处理，被中止项目在会计上选用什么标准进行计量，以及如何进行会计处理和信息披露等一系列的问题都需要解决。本章将主要对 R&D 项目中止后的财务问题进行讨论和研究，并试图找到有效的解决办法。

（一）研发项目的中止程序及中止时期的选择

一个 R&D 项目不论是在选择还是中止阶段，都是从企业的战略角度出发而做出决策的，所以从战略角度考虑，研发项目的中止不应当看作一个失败，而应当看作项目不能或可能不能支持组织战略所实施的战略决策。亚当斯（Adams）和德兰（Dirlan）指出，那些凭借在成功的研发研究与开发中的领导角色而知名的大公司，同样是经历了许多成功项目的公司。组织如果不能在适当的时候做出必要的决策来中止一个项目，则可能引起后期更巨大的损失。但即使中止项目是明智的，决定也非常难以做出，毕竟中止一个项目会削弱项目成员和团队的士气，增加员工对工作安全性的担心。所以企业必须有一套完善的中止程序保证项目中止决策的执行，并且要选择恰当的时机做出决策。

（二）项目的中止程序

企业一旦做出中止某些 R&D 项目的决定，就要从中止程序方面着手来进行。在项目中止时，企业有必要用一个精通关闭项目的管理者替代项目经理。中止项目的经理应该立即明确所有的合同的执行状况，并进行一个工作状况、进度、资金和有关技术性能数据的检查评审。此外，还必须完成以下各项事务：

（1）要与项目团队共同制定并颁布一个关闭计划，为项目所有要素的有序中止提供指导。

（2）通知利益相关者项目的中止决定，对中止活动保持不断的监督，包括原材料的安置和原始资料的保存整理等。

（3）对项目团队的成员在企业组织中做好妥善安排，并确保项目所有的财务问题令人满意地中止。

（4）对要中止的项目进行审计，识别项目管理中的优势和劣势，并对整个中止决策过程中对项目影响较大的因素加以分析，在未来的项目中这些问题如何避免，以及项目是如何影响组织的，包括正面的和负面的，都需要进行仔细的总结经验和教训，使以后的项目团队能够从其中的得失成败中收益。

接下来要对中止程序加以拟定，R&D 项目的中止程序就是项目的中止决策的执行过程，需要处理现场设备原料、组织、财务以及采购等多方面的事情。项目的中止程序通常包括如下几个步骤：

（1）项目中止决策。定期对在研项目进行考察、监督和分析，找出项目中止的决定性因素，选择恰当的定性和定量分析方法做出项目的中止决策，这正是前文所讨论的内容。

（2）中止项目的事项活动清单及其执行。项目的中止管理者有必要把一些需要完成的细微工作都列在一张清单上，并安排专人负责处理。诸如项目团队的人员安排、财务清算、现场设备物资的处理以及合同的终结等。

（3）项目资金的决算。在项目中止的过程中，财务部门要统计待中止的项目投入了多少成本，使用了多少材料资源，以及和分包商、供应商之间的财务往来数据等，这些数据和报告将为项目的事后评价提供第一手资料。

（4）做好外部沟通。在做好项目的决算之后，就要及时通知项目的利益相关者，如客户、供应商、分包商等，告知他们项目中止及声明合同的完成情况，并与他们做好往来数据的核对，确保中止决策的顺利进行。

（5）中止项目的结束报告。任何一个项目中止以后，都要明确项目完成了什么，没有完成什么。项目中止从客户、合同组织、项目经理以及项目团队成员的角度看是不同的，因而在项目的中止中其各自的相关利益也都不相同。项目中止的管理者必须清楚这一点，这也是对项目中止的管理者所要求的，必须对各个利益相关者进行劝导。

（三）项目中止时期的选择

在项目的研究与开发过程，项目经理和企业管理高层必须明确何时中止一个项目与成功进行一个项目是同等重要的。假如一个 R&D 项目不能给企业带来收益，各种迹象已经表明其未来会失败，但却没有及时得到中止，随着时间的流逝，它只会给企业带来越来越大的损失，所以项目中止时期的选择是非常重要的。项目经理应该在各个时期对 R&D 项目进行动态的监视与评价，及时发现指标的异常变动。项目所处环境的一些重大变化，比如政府某些法规的出台、市场不再有需求、项目的具体目标不再与企业的整体目标一致等，此时中止项目似乎很清楚。反过来，项目的一些虽然细微，但会使项目走向失败的变化，却有可能使项目的中止决策变得更加困难。此外，在中止决策过程中，遇到暂缓进行的项目，还需要结合前文提到的项目延迟时间，把握好暂缓项目的间歇时间。

决定一个项目是否应该继续、中止或暂缓进行时，项目的类型也是一个重要的考虑因素。一个有很少的残余价值但却有很高的中止成本的 R&D 项目，如员工的补偿、合同赔偿、设备损失等，将比那些有很大的残余价值且退出容易的项目难以中止。例如，建筑方面的项目就存在着很大的中止成本，建了一半的建筑没有什么残余价值，而且还会有很大的合同违约金。而新药的研发项目却存在着巨大的沉没成本，但其中止成本却较小。因此，为了确保企业投资的项目在时间和成本两个维度都达到目标，组织必须动态监视项目的关键因素。当发现项目有不佳的表现时，应当对其进行全面的分析与评价，如果达到前文中所提到的中止界限时，项目经理和高层管理者应当机立断尽快中止该项目。

（四）项目中止后剩余资金的处理问题

R&D 项目被中止后，起初按预算分配给该项目的资金一般都还没有使用完，对于这部分剩余资金必须进行合理的安排，让其能够发挥最大的效率。

R&D 项目的资金来源除自有资金、银行借入资金、政府财政资金外，还有一部分来自风险投资，对于这些资金的相关利益者来说，一方面希望所投入的资金能有较高的回报率，另一方面也关注着资金的使用风险，所以在这部分资金投入的过程中已经限定了它的使用范围。但这并不代表企业不能使用这部分资金，如果仅仅把它们存入银行，肯定也没有达到资金所有者预先的目标。因此，当项目被中止后，项目经理和企业管理者除了要与客户、供应商等相关利益者做好沟通外，还应该同资金所有者进行商议，尽量让他们同意把剩余资金投资到收益更高或更稳定的其他在研项目，或者新的研发项目上，从而获得较高的回报（董斐，2008）。

第八节　研发活动具体预算的编制与执行

一、研发活动预算的编制

研发预算编制是指在对历史结果和对未来形势进行充分分析、论证的基础上，按照一定的程序和方法，围绕高科技企业战略，对研发活动进行预算期内的资源安排。研发预算编制将抽象的高科技企业战略转化为预算期内高科技企业研发活动可操作的行动计划，是高科技企业研发预算管理的基础及关键环节。研发预算编制质量的高低，直接关系到研发预算管理的成败，影响到高科技企业战略的落实和实现。

在企业规模并不是很大的时候，编制研发预算并不是非常困难。但是，随着企业规模的迅速扩张，特别是拥有多个事业部及子公司，形成高科技企业时，如果还是仅仅凭借上层的力量编制一套研发预算，显然是不符合实际的。扩张到一定规模的高科技企业，必须科学地编制研发预算，否则无法达到帮助高科技企业配置资源、激励员工等目的。

高科技企业研发预算的编制有自上而下和自下而上两种基本形式。在自上而下的形式下，高科技企业总部编制研发预算并下达给各成员企业研发部执行，子公司不参与研发预算的编制；在自下而上的形式下，由子公司编制研发预算报高科技企业最高管理当局审批。研发预算的编制需体现出资人的报酬期望，并在协调各成员企业相互利益关系的基础上，发挥高科技企业资源与管理的协同效应。从这个意义上而言，高科技企业应采用自上而下的方式编制研发预算。但高科技企业战略的实现，又依赖于各成员企业、各部门、各员工的努力程度、工作效果，因此，研发预算编制决不能单凭高科技企业母公司董事会、总经理决定。高科技企业适宜采用两种形式结合的方式制定研发预算。这种方式下，母公司制定高科技企业战略并控制研发预算目标，各成员企业编制研发预算草案，由母公司董事会审定，形成研发预算方案。事实上，这种方式下研发预算的编制往往不是一次循环就可以完成，而要经过多次的讨价还价，母公司和子公司的信息沟通过程，既能确保高科技企业战略的实施，又顾及到各成员高科技企业的利益。这种方式虽然容易造成研发预算编制成本的提高，但总的说来，仍是较为理想的。

二、研发预算的执行与控制

研发预算编制完成并批准下达，意味着预算期内高科技企业研发活动有了明确的目标和方向。但研发预算毕竟还只是一个标准，是为高科技企业研发活动而制定的规矩，能不能实现预期的目标，关键还在于能否做好研发预算的执行与控制。

研发预算的执行与控制是相辅相成的关系，研发预算执行必须以研发预算为标准进行严格控制，研发预算控制也必须以研发预算为标准实施。有执行，没控制，执行将处于不确定状态；有控制，没执行，控制也将成为空中楼阁。

（一）研发预算的执行

研发预算的执行是具体实施研发预算的过程，包括从研发预算审批下达到预算期结束的全过程，其目的是实现研发预算规划的各项目标。如果研发预算编制不执行或仅供参考，那么研发预算编制则毫无意义。研发预算的编制与执行互为条件，相辅相成。研发预算编制是执行的基础，研发预算执行以编制完备、严谨的研发预算为前提。

研发预算要想得到有效执行，树立预算的权威性是关键。研发预算一旦经过审批、下达以后，在高科技企业内部就应具有"法律效力"，成员企业研发部都要严格执行。对于超出预算的行为，要建立严格的授权批准制度。一般地，预算计划值与实际值之间差异在一定范围以内，可以由研发预算执行单位自行处置。如遇突发事件大幅超出预算，则要通过申请按程序逐级申报并经母公司董事会或预算管理委员会批准后实施。但在审批之前，仍按原预算执行。

研发预算的执行还需充分调动各责任部门的积极性与创造性，并强化其责任意识。为此，高科技企业除了依据可控性和可行性原则编制科学、合理的研发预算外，还必须充分调动各项资源，尤其是人力资源的潜能，使研发系统的每个部门、每个员工都能积极主动地参与研发预算管理，并通过个人能力的充分发挥，实现研发预算的有效执行。

（二）研发预算的监控与信息反馈

1. 监控

研发预算的监控是指在研发预算执行过程中，为了保证研发预算落到实处，对各研发预算执行单位的预算执行情况所进行的日常监督控制。从机制角度分析，研发预算监控要以致力于消除隐患、防范风险、规范经营、提高效率为宗旨和标志，建立全方位的研发预算监控体系、多元的研发预算监控措施和设立循序渐进的多道保安防线。

严密的研发预算监控体系是高科技企业实现有效研发预算管理的必要途径。做好研发预算监控工作，需要构建多层次的研发预算监控主体。由于研发预算监控的对象是研发预算的执行过程，而研发预算的执行过程涉及整个高科技企业的研发活动，所以研发预算监控应该是全面的、系统的。通过高科技企业内部激励约束机制促进研发预算的执行者完善其自我监控职能，同时，建立多层次的监控主体：第一层次是母公司董事会的监控，母公司董事会作为高科技企业预算管理体系的最高权力机构，对研发预算的执行情况行使其监督检查权；第二层次是预算管理委员会的监控，作为董事会的下属常设机构，预算管理委员会代表董事会履行职能，对研发预算执行情况进行监控；第三层次是研发预算监控机构的监控，研发预算监控机构对预算管理委员会负责，对研发预算各执行单位日常的执行情况进行监控，是直接的监控主体。

2. 信息反馈

研发预算的信息反馈是指将研发预算的执行进度和执行结果等信息准确、及时地反馈、报告给有关部门，以确保上级对下级的有效控制。在研发预算执行过程中，研发预算执行单位应将预算执行结果按时上报研发预算监控机构，以便于研发预算监控机构对其进行监控。此外，研发预算反馈机构应定期汇总研发预算执行单位反馈的信息，形成研发预算执行情况的整体报告，提交预算管理委员会。

研发预算信息反馈的频度，应从单位内部管理需要出发，遵循及时性原则确定。只有在决策前得到相关的反馈信息，才有助于决策；只有在行动的同时尽快取得反馈信息，才有助于控制。上下级单位之间的信息反馈频度可适当延长，并主要采取定期反馈形式。

信息反馈的方式灵活多样，可以采用定期书面报告、临时书面报告、例会、临时碰头会、口头汇报等多种方式。书面报告的形式主要是对研发预算执行过程中重要事项的关注、重要差异的反映，并简要揭示其产生的原因和结果。此外，为保证研发预算的有效执行，各研发预算执行单位还应定期召开研发预算例会，以及采取建立研发预算执行通报制度等多种形式。

（三）差异分析

研发预算的差异分析，即通过比较实际与预算，确定差异额及其原因。差异分析的主要任务是将研发预算差异的数额确定下来，然后分析研发预算与实际执行情况的差异因素，找出造成差异的主要环节，将造成差异的责任落实到部门和责任人，并提出有效的解决办法。在实际中，可以对研发预算执行的差异设定一个标准，当差异低于设定的标准时可以不进行干预；如果达到或超过设定的标准时，即应立即予以干预。

差异分析的步骤包括：①收集资料。研发预算差异分析所需资料包括内部资料和外部资料两方面。内部资料主要是有关研发预算标准及其执行情况的资料，用以确定差异；外部资料包括影响研发预算执行结果的有关外部因素变动信息和相应外部市场的可比信息，用以进行差异原因分析。②差异计算和分析。差异计算和分析是指通过比较实际与预算（标准），确定其差异额及其原因，其目的是确定差异的原因和对差异负有责任的单位。

（四）调整

研发预算的调整是对研发预算执行中发现的错误和由于环境因素变化所造成的不合适的研发预算标准进行更改。研发预算通过后一般不轻易调整，但在预算的执行过程中，由于主、客观环节的变化，尤其当外部环境发生重大变化时，或高科技企业战略决策发生重大调整时，为保证研发预算的科学性、严肃性与可操作性，研发预算调整成为一个必不可少的环节。但研发预算调整是一个十分规范的过程，必须建立严格、规范的调整审批制度和程序，并按照规定的程序进行调整，在变化中求不变。首先应严格界定调整范围，只有当外部环境发生重大变化或高科技企业战略决策发生重大调整时，才能调整研发预算。其次要对调整程序、调整权限进行严格规范，才能在出现难以预料的情况时，使研发预算调整有序地进行，使调整不会削弱研发预算控制的力度。

三、研发预算的考评

研发预算的考评是指对研发预算的执行过程和结果进行评价及考核。研发预算的考评，是确保研发预算有效执行的重要手段和环节。如果研发预算执行不进行考评、不与奖惩挂钩，研发预算就无法得到有效的执行。只有将研发预算执行结果与责任主体的经济利益挂钩、奖惩分明，才能最大限度地调动其积极性和创造性。

在研发预算管理的过程中，研发预算的考评是承上启下的关键环节。它具有激励和约束双重功效，在研发预算管理中发挥着重要作用。研发预算目标的确定以及研发预算的编制、执行与控制、考评形成一个完整的研发预算管理过程，并周而复始地循环。通过研发预算考评，一方面，可以据以考核有关责任主体的责任完成情况；另一方面，可以掌握研发预算系统的运行状况，检查研发预算编制的合理与否与质量高低，并为下一轮的研发预算目标确定、研发预算的编制提供重要依据。

第七章 研发资金的会计核算与税务风险管控

高科技企业的 R&D 支出比重越来越大，对这些资金进行正确的会计核算，不仅为研发项目的资金投入预算提供基础信息，也是执行预算管控、监督资金使用的重要手段。另外，各国政府都出台对研发资金投入所得税前加计扣免的政策。规范研发资金的会计核算，合理利用税收优惠政策，是降低企业研发成本的有效方法。本章将分析研发资金会计核算及税务处理的主要风险控制。

第一节 研发资金会计核算的准则

在 R&D 资金支出的会计处理上，应该计入当期损益还是予以资本化一直是会计职业界广泛争议的问题。美国会计准则委员会（FASB）依据谨慎性原则，主张 R&D 支出发生时予以费用化，而荷兰的会计准则规定 R&D 费用只要预期能给企业带来收益即可予以资本化。国际会计准则采取了折中的会计处理方式，将研究开发活动分为研究和开发两个阶段，由于研究阶段支出的未来收益具有很大的不确定性，此阶段发生的支出应直接计入当期损益；而开发阶段的有关支出在满足技术可行性等条件时应予以资本化。

2006 年 2 月，我国颁布的新会计准则向国际会计准则趋同，根据《企业会计准则第 6 号——无形资产》的规定，企业内部研究开发项目的支出，应当区分研究阶段支出与开发阶段支出。研究是指为获得并理解新的科学或技术知识而进行的独创性的有计划调查。开发是指在进行商业性生产或使用前，将研究成果或其他知识用于某项计划或设计，以生产出新的或具有实质性改进的材料、装置、产品等。研究阶段的支出，应当于发生时计入当期损益；开发阶段的支出，如果能够证明符合规定的条件，应当资本化并确认为无形资产。

一、研究阶段的会计核算

研究阶段具有计划性和探索性，是为进一步的开发活动进行资料及相关方面的准备，由于已进行的研究活动将来是否会转入开发、开发后是否会形成无形资产等均具有较大的不确定性，因此该阶段的支出，新准则规定应计入当期损益。如何将研发活动人为划分为两个阶段并不是一件简单的事情。因为研究开发项目很可能是一个反复进行的过程，研究和开发很可能是交叉同时进行的。在新准则的相关应用指南中，对可以计入研究阶段的活动，是以列举的形式说明的："意在获取知识而进行的活动，研究成果或其他知识的应用研究、评价和最终选择，材料、设备、产品、工序、系统或服务替代品的研究，新的或经改进的材料、设备、产品、工序、系统或服务的可能替代品的配制、设计、评价和最终选择等，均属于研究活动"。

会计人员在对属于这一阶段的支出进行判断时，一定要非常确定之后再进行会计处理。因为按照新准则的规定，对于同一项无形资产在开发过程中达到资本化条件之前已经计入损益的支出不能进行调整。这一阶段的相关账务处理为：费用发生时借记"研发支出——费用化支出"，贷记"原材料"、"应付职工薪酬"等相关科目；期末借记"管理费用"，贷记"研发支出——费用化支出"。

二、开发阶段的会计核算

开发阶段相对于研究阶段而言，应当是已完成研究阶段的工作，在很大程度上具备了形成一项新产品或新技术的基本条件。比如，生产前或使用前的原型和模型的设计、建造和测试，不具有商业性生产经济规模的试生产设施的设计、建造和运营等，均属于开发活动。

新准则中研发支出资本化的条件是比较严格的。新准则规定，企业内部研究开发项目开发阶段的支出，同时满足下列条件的，才能予以资本化。

（1）完成该无形资产以使其能够使用或出售在技术上具有可行性。判断无形资产的开发在技术上是否具有可行性，应当以目前阶段的成果为基础，并提供相关证据和材料，证明企业进行开发所需的技术条件等已经具备，不存在技术上的障碍或其他不确定性。比如，企业已经完成了全部计划、设计和测试活动，这些活动是使资产能够达到设计规划书中的功能、特征和技术所必需的活动，或经过专家鉴定等。

（2）具有完成该无形资产并使用或出售的意图。企业应该能够说明其开发无形资产的目的。

（3）无形资产产生经济利益的方式，包括能够证明运用该无形资产生产的产品存在市场或无形资产自身存在市场；无形资产将在内部使用的，应当证明其有用性。无形资产是否能够为企业带来经济利益，应当对运用该无形资产生产产品的市场情况进行可靠预计，以证明所生产的产品存在市场并能够带来经济利益，或能够证明市场上存在对该无形资产的需求。

（4）有足够的技术、财务资源和其他资源支持，以完成该无形资产的开发，并有能力使用或出售该无形资产。企业应能够证明可以取得无形资产开发所需的技术、财务和其他资源，以及获得这些资源的相关计划。企业自有资金不足以提供支持的，应能够证明存在外部其他方面的资金支持，如银行等金融机构声明愿意为该无形资产的开发提供所需资金等。

（5）归属于该无形资产开发阶段的支出能够可靠地计量。这要求企业对研究开发的支出应当单独核算，比如，直接发生的研发人员工资、材料费，以及相关设备折旧费等。同时从事多项研究开发活动的，所发生的支出应当按照合理的标准在各项研究开发活动之间进行分配；无法合理分配的，则需计入当期损益。

这一阶段的会计处理为：支出发生时借记"研发支出——资本化支出"，贷记"原材料"、"银行存款"等相关科目；研究开发项目达到预定用途形成无形资产后借记"无形资产——某某专利"，贷记"研发支出——资本化支出"。

三、研发支出的明细分类

在我国对研发费用的界定标准主要以 2007 年颁布的《财政部关于企业加强研发费用财务管理的若干意见》为标准，主要包括以下几方面。

（1）研发活动直接消耗的材料、燃料和动力费用。

（2）企业在职研发人员的工资、奖金、津贴、补贴、社会保险费、住房公积金等人工费用以及外聘研发人员的劳务费用。

（3）用于研发活动的仪器、设备、房屋等固定资产的折旧费或租赁费以及相关固定资产的运行维护、维修等费用。

（4）用于研发活动的软件、专利权、非专利技术等无形资产的摊销费用。

（5）用于中间试验和产品试制的模具、工艺装备开发及制造费，设备调整及检验费，样品、样机及一般测试手段购置费，试制产品的检验费等。

（6）研发成果的论证、评审、验收、评估以及知识产权的申请费、注册费、代理费等费用。

（7）通过外包、合作研发等方式，委托其他单位、个人或者与之合作进行研发而支付的费用。

（8）与研发活动直接相关的其他费用，包括技术图书资料费、资料翻译费、会议费、差旅费、办公费、外事费、研发人员培训费、培养费、专家咨询费、高新科技研发保险费用等。

第二节 研发费用加计扣除政策的规定

《企业所得税法》第三十条指出，研究开发费用的加计扣除是指企业为开发新技术、新产品、新工艺发生的研究开发费用，未形成无形资产计入当期损益的，在按照规定据实扣除的基础上，按照研究开发费用的 50% 加计扣除；形成无形资产的，按照无形资产成本的 150% 摊销。

根据《企业研究开发费用税前扣除管理办法（试行）》（国税发〔2008〕116号）的规定，企业从事《国家重点支持的高新技术领域》和国家发展改革委员会等部门公布的《当前优先发展的高技术产业化重点领域指南（2007年度）》规定项目的研究开发活动，其在一个纳税年度中实际发生的下列费用支出，允许在计算应纳税所得额时按照规定实行加计扣除：①新产品设计费、新工艺规程制定费以及与研发活动直接相关的技术图书资料费、资料翻译费；②从事研发活动直接消耗的材料、燃料和动力费用；③在职直接从事研发活动人员的工资、薪金、奖金、津贴、补贴；④专门用于研发活动的仪器、设备的折旧费或租赁费；⑤专门用于研发活动的软件、专利权、非专利技术等无形资产的摊销费用；⑥专门用于中间试验和产品试制的模具、工艺装备开发及制造费；⑦勘探开发技术的现场试验费；⑧研发成果的论证、评审、验收费用。

第三节 研发费用会计核算与加计扣除存在的问题

一、研发费用科目的核算不规范

高科技企业应按照财政部制定的会计准则和会计制度，企业的研究开发费用应区分为研究阶段和开发阶段，除了开发阶段符合条件的支出可以进行资本化外，其他应在期末转入当期管理费用。企业应当设置"研发支出"一级明细科目，并设置费用化支出和资本化支出明细科目，核算实际发生的研发费用，按研发项目和明细的研发项目支出设立项目台账。如果企业未设立专门的研发机构或企业研发机构同时承担生产经营任务的，应对研发费用和生产经营费用分开核算，准确合理地计算各项研发费用支出。

但是很多高科技企业会计账中并没有按照企业会计准则的要求在研发支出——费用化支出中进行研究开发费用的核算，而是将研发部门人员报账支出，通过设置的"管理费用——研发费用"进行归集，并没有按研发项目、按研发费用的明细支出项目进行核算。有些支出实际属于研究开发费用，如研发设备折旧、水电费等支出，没有经研发部门人员报账的，并没有列入"管理费用——研发费用"，而是在"管理费用——折旧"等科目列支。在向税务机关提出加计扣除申请时，高科技企业将这部分费用调整至了研发费用。

二、研发费用没有按项目明细核算

有些高科技企业特别是软件企业，把研发活动作为日常的工作任务进行，没有以研发项目的形式开展，这使得企业的财务会计部门无法对研发支出按项目进行准确核算。有些虽然以项目的形式开展研发活动，但是研发项目缺乏规范的项目立项任务书，没有充分体现出这些项目的内容、进度安排、所用到的设备及人员、预算等。有些企业尽管设立了研发管理部门，但并没有履行研发项目书的统一管理职责，使得企业的研发项目管理过于分散，研发项目立项书缺乏统一管理，不利于企业研发的整体规划设计。

研发项目不能够规范化管理，研发费用的预算、控制和会计核算就不能准确地反应。有些企业向税务机关报送的研发费用支出尽管按研发项目做了分类，但并没有相应的原始核算，仅是由财务部门和研发部负责人协商在总数确定的情况下，在研发项目之间进行了人为主观的分配。

三、没有利用最新的研发费用加计扣除政策

研发费用加计扣除的相关规定政策时效性非常强，根据《企业研究开发费用税前扣除管理办法（试行）》（国税发〔2008〕116号）的规定：企业从事《国家重点支持的高新技术领域》和国家发展改革委员会等部门公布的《当前优先发展的高技术产业化重点领域指南（2007年度）》规定项目的研究开发活动，其在一个纳税年度中实际发生八大项费用支出，允许在计算应纳税所得额时按照规定实行加计扣除。其中，第二项为在职直接从事研发活动人员的工资、薪金、奖金、津贴、补贴。该项规定意味着研发人员的基本养老保险费、基本医疗保险费、失业保险费、工伤保险费、生育保险费和住房公积金等是不允许加计扣除的。

但是2013年9月29日关于研究开发费用税前加计扣除有关政策问题的通知（财税〔2013〕70号）规定：（一）企业依照国务院有关主管部门或者省级人民

政府规定的范围和标准为在职直接从事研发活动人员缴纳的基本养老保险费、基本医疗保险费、失业保险费、工伤保险费、生育保险费和住房公积金。可纳入税前加计扣除的研究开发费用范围。这个政策是比较新的政策，明确规定从 2013 年 1 月 1 日起执行，这意味着高科技企业 2013 年企业所得税汇算清缴时完全可以利用这一政策变化，将研发人员的"五险一金"支出作为研发费用加计扣除范围。但是部分高科技企业的财务人员并没有了解到该项政策，直接导致符合加计扣除条件的研发费用少计，加计扣除额少计。

四、费用支出使用了较多的不合规发票

中国是以票管税的国家，企业所有的支出必须取得合法的票据才可以在企业所得税前扣除。在发生具体的扣除事项时，凭证成为企业所得税税前扣除的重要依据和证明材料凭证是纳税人用来记录经济业务，明确经济责任，并据以登记账簿的书面证明，包括原始凭证和记账凭证。实际上主要是指纳税人取得的各类原始凭证。只有合法的票据才可以作为研发费用加计扣除的依据，但是有些高科技企业的研发费用支出中存在着较多的使用不合规票据的情况。如以收据入账、假发票、老版发票、境外取得的发票、发票抬头和内容与实际不符等情况。尽管他们在企业所得税汇算清缴时已将这些无合法票据的支出作为应纳税额调增处理，但在计算加计扣除额时并没有将其扣除，存在着较大的税务风险。

五、混淆了研发费用加计扣除与高新认定研发费用的范围

《高新技术企业认定管理办法》和《高新技术企业认定管理工作指引》对高新认定的条件和程序进行了总体和细致的规定，其中对高新认定要求企业归集的研发费用范围也进行了明确的规定，其中包括八大类费用。《企业研究开发费用税前扣除管理办法（试行）》规定了企业研发费用加计扣除的所有事项，包括主体、研发活动定义、研发费用范围、加计扣除的资料要求等，其中对研发费用归集范围的规定与高新认定的规定大体相似，但两者所界定的研发费用范围是有差异的。两者的适用情况不一样，不能混为一谈。

总体上说，企业可加计扣除的研究开发费用，其口径要小于按照《指引》要求归集的研究开发费用。比如与研发活动直接相关的其他费用，包括会议费、差旅费、办公费、外事费、研发人员培训费、培养费、专家咨询费、业务招待费等可以作为高新技术企业研发费用并作为所得税前扣除，但研发费用加计扣除时不允许加计。很多企业核算时，混淆了这两者之间是存在差异的，直接将高新企业认定的研发费用——其他费用作为加计扣除的基数，导致符合加计扣除条件的研发费用金额，存在较大的税务风险。

六、研发费用随意列支

部分高科技企业因为业务拓展的需要，发生了金额较大的业务招待费用，财务人员对税收制度存在误解，为了少交税款、逃避纳税等原因人为进行费用的随意列支。业务招待费不能在企业所得税前全额扣除，所以有些高科技企业的财务人员将业务部门发生的业务招待费用计入研发费用的人工费用科目，以隐瞒实际的业务招待费支出。

七、跨期费用列支到本期费用之中

高科技企业的研发项目通常都包括两种：当年完结的和跨年度的，跨年度的研发项目在核算研发费用时，应密切关注研发费用预算与研发项目验收报告，以合理分摊各年度的研发费用。但是有些高科技企业有上年申报的项目，上年并没有完全结束，本年发生了一些后续的费用，财务人员以这个项目与本年研发项目的功能有类似的地方为由，将这些费用跨期列入上年的研发费用中。

第四节　研发费用会计核算与税务处理不规范的原因

一、领导对研发费用会计核算不重视，部门缺乏沟通

高科技企业研发部门的人员认为自己确实进行了研发活动，但研发费用的会计核算是财务部门的事情；财务部门则认为自己只是依据凭证进行研发费用的会计核算，有些研发支出没有在财务系统中核算完全是研发部门的事情。部门隔阂严重，缺乏有效沟通，又没有更高层的领导协调处理这一问题，这样的结果是两个部门相互扯皮，使得研发费用的会计核算工作开展困难重重。

二、认为研发费用会计核算的形式不重要

部分高科技企业的财务会计账簿上记录正式归类入研发费用的金额并不全面，也没有按照研发项目明细和费用明细科目进行核算。企业的财务人员认为企业所得汇算清缴时研发费用加计扣除的金额，税务机关关注的是一个总额，而不关心明细分项金额。而且企业的研发费用从实质上确实发生了，至于形式上如何进行会计核算并不重要，只要是发生符合条件的研发费用，税务机关都应当允许加计扣除，形式上的资料并不重要。

这种观点将会给企业带来不必要的涉税风险，要想享受加计扣除优惠，就必须保留和整理相关资料，这些资料主要有项目立项报告、项目费用和人员预算、董事会决议、项目合同或协议、项目效用报告等及时提交税务机关。

三、企业研发费用财务核算及管理制度不健全

企业应当建立健全财务制度与研发费用管理制度，对研发费用实行专账管理，应当明确研发费用的开支范围和标准，严格审批程序，并按照研发项目或者承担研发任务的单位，设立台账归集核算研发费用。但是很多高科技企业没有专门的研发费用管理制度，所有研发项目的费用开支没有预算，没有控制，只要研发部门人员提出申请，拿到报销单据就列支，导致研发费用失控。

四、高科技企业的税务政策掌握不及时、不全面

从 2008 年新的企业所得税法实施以来，经历了几个年度的汇算清缴，高科技企业对企业所得税的汇算清缴积累了一定的经验，对研发费用的加计扣除政策也基本掌握。但是随着国家经济形势的发展和国家税收法规的逐步完善，新的税收政策不断出台。但是财务人员平时被繁重的财务核算任务所困扰，很难有时间关注最新的税务法律政策变化，不能及时全面掌握最新税收政策。加上会计人员流动频繁，新招收会计人员综合业务能力较差，专业知识不够熟悉，对税收政策理解不充分，在填写纳税申报表时，不能理解表与表之间的逻辑关系，容易出现错误。这导致汇算清缴过程中存在研发费用加计扣除金额少计等问题。

第五节　研发资金的会计核算与税务风险管控

一、完善研发项目管理，企业财务部门和研发部门、政府有关机构及时沟通

研究开发费用加计扣除是一个技术性较强的工作，相关资料的制定涉及企业各个领域，与日常业务相比，有其特殊性，不能仅仅依靠财务人员进行账务处理就算完事。由于科研人员和财务人员的专业分工不同，财务人员有必要与研发人员保持良好的沟通，在研发人员的协助下，判断该项费用是否满足高新企业关于研发的界定，当前的费用是该资本化还是费用化等问题；同时，研发人员通过对财务核算过程的了解，有助于提高研发费用核算的真实性、准确性，达到互相配合的目的。

因此，企业要享受研究开发费用加计扣除的税收优惠政策，必须由公司领导统一领导协调，以技术部门、财务部门为主体，相关部门密切配合，并就研究开发费用制定一套专门的管理制度，确保能按税收法规的各项规定享受税收优惠政策。财务部门应协同科技管理部门对研发经费进行持续的监控，例如每月月末对本月发生的研发经费总额与明细做一汇总表，对研发经费进行月度发生额与累计额的监控，以便于研发项目的经费控制。

二、健全研发费用会计核算和管理制度

《新会计准则》中有关企业内部研发项目的规定是这样的：企业内部研发项目分为研发阶段和开发阶段，会计核算时，相应地将研发支出划分为费用化和资本化。一般情况下，企业以是否获取研发项目的证书或生产批文为基本判断标准界定是否予以资本化。会计核算时，在成本类科目下设立"研发支出——费用化支出"或"研发支出——资本化支出"中核算，然后结转至费用或资产。对研发费用的核算采用分级设置辅以项目核算的办法，下设人员人工、直接材料、折旧费用与长期待摊费用、设计费用、装备调试费、无形资产摊销、委托外部研究开发费用、其他费用8个下级科目，为便于日后的统计工作，建议对每笔费用进行分项目或部门核算。具体核算时，专属研发费用采用直接对应核算办法，公共费用采用总量计量再分摊的办法，对不同的费用采用不同的分摊依据。

对于在一个纳税年度内进行多个研究开发项目的，应按照不同的开发项目分别归集研究开发费用额，对于涉及人员、设备、仪器及同时参与多个科研项目，要按照合理的方法在不同项目之间进行费用分摊。同一研发项目由多个单位共同实施完成的，应分别在各核算主体之间归集发生的研发费用并在期末编制费用决算表，研发费用的税前扣除及加计扣除由各核算主体申报实施。

由于研发所处的阶段和场所不同，相对应的会计科目上可能是管理费用、销售费用、制造费用，也可能是生产成本，针对长期以来研发费用与生产经营费用难以分清的情况，建议在上述科目中分别设置研究开发费用明细科目，期末将成本类下应予费用化的研发费用转入相应的科目，这能清晰地反映出企业经营活动各阶段发生的研发费用，而资本化的研发费用在未形成资产之前则视同在建工程。这样，可以清楚地统计出研发项目的具体内容及费用归属，以满足不同统计口径的需要，从而实现高新技术企业研究开发费用归集工作的制度化、规范化和精细化。

三、及时关注企业所得税相关新政策

若企业财务人员因为各种原因，不能掌握最新的税收制度、政策法规，企业

可能存在潜在的涉税风险。企业要警惕新旧政策衔接环节的风险和对政策边界把握不准的风险，稍有不慎就面临补税、滞纳金和罚款的税务风险。为有效防范税务风险，应注意税法知识的随时更新，并与税务机关保持畅通的交流渠道，遇到问题及时向当地主管税务机关进行咨询，对于有变化的政策及一些地方政策要及时了解并加以运用。了解最新出台的政策，能够使企业进行合理的纳税筹划，减少一些不必要的纳税支出。

第八章 研发资金使用绩效评价管控

对研发资金的投入效果实施科学、合理、公正的评价与考核，是激励研发人员积极性、提高研发项目成功概率的重要管控机制。但由于研发活动与一般生产经营活动具有复杂性、创造性等特点，在评价和考核实施上存在一定的难度。国内外学者从不同角度、运用不同的指标体系采用不同的研究方法对企业研发绩效进行研究与评价，并已初见成效。但目前的研究文献存在的最大问题是混淆研发能力与研发绩效两个概念。

研发绩效和研发能力是不同的，研发能力代表的是研发主体的一种素质和潜力，反映企业进行研发活动的条件和研发成功的可能性，侧重于研发资源的投入，实际上是对未来研发的效果进行预测。而研发绩效则表现为研发的成果和效率，反映了研发所带来的成果以及研发成果产出过程的效率，侧重于研发产出，实质上是对已进行的研发活动的归纳和总结。对研发能力的评价往往促使评价对象增加研发投入，改善研发条件，从而提高研发活动成功的可能性。对研发绩效的评价可使评价对象总结以前研发活动的成果和效率状况，在促使其改善研发条件的同时，更加重视资源的优化配置，发挥人力资源的积极主动性，提高研发成果的产出效率。科学合理的研发绩效评价还将对研发能力的资源配置和战略决策产生反作用，从而对研发能力的提升起到引导和激励作用。可见，研发能力和研发绩效是两个不同的概念，偏重于评价研发能力，或将两者混淆都是不恰当的。

目前的研究不足还存在于指标体系的选择上，尽管有的研究已关注研发绩效的评价，但往往绩效指标单一，选择的指标特别少，仅关注绩效指标的某一方面。信息量严重不足导致很难反映研发综合绩效情况，进而降低绩效评价的准确性。此外，评价内容上的不足，即以往研究大都针对某一个层面，如从地区上或者行业上，评价层面比较单一，不能从各个角度进行全面的分析。

第一节 研发能力评价与研发绩效评价

只有先明确研发绩效的内涵，才能构建合理的研发绩效评价指标，进而对研发主体的研发绩效进行评价，根据评价结果分析研发主体进行研发的效果和效率，指出研发活动中的不足，提出相应的对策和建议。根据现有的文献，在评价研发时较多从研发能力评价的情况，以及混淆研发能力与研发绩效的情况，本书认为需要具体详细分析研发能力和研发绩效之间的关系，对研发绩效的内涵进行阐述。

研发能力是在市场竞争中通过有效运用各种研发资源，通过建立新的技术平台或改变核心技术，并取得自主知识产权，不断增强其核心竞争力，从而获得持续竞争优势，在研发过程中所表现出来的各种能力的有机综合（温瑞珺，2005）。研发能力需要一个不断积累，逐步持续，不断提高的过程，包括进行研发的研发人员投入能力、研发经费投入能力、研发活动能力、研发产出能力等。

研发绩效和研发能力是不同的。研发主体拥有了研发能力，仅具备了研发的资源条件和潜力，并不代表研发的后果。研发能力是研发绩效的内在依据和潜在基础，而研发绩效是研发能力的外在表现和现实结果，是研发能力和动力的综合反映。研发能力只有在良好的制度环境下，科学合理地组织研发资源，才可能取得良好的研发效果。胡锦涛同志在全国科技大会上的讲话中就深化科技体制改革、加快研发型国家建设指出：为了加快研发型国家建设，必须进一步深化科技体制改革，着力强化企业技术研发主体地位，提高科研院所和高等学校服务经济社会发展能力，推动研发体系协调发展，强化科技资源开放共享，深化科技管理体制改革。进一步完善人才发展机制，坚持尊重劳动、尊重知识、尊重人才、尊重创造的重大方针，统筹各类人才发展。进一步优化研发环境，完善和落实促进科技成果转化应用的政策措施，加强知识产权创造、运用、保护、管理，在全社会进一步形成讲科学、爱科学、学科学、用科学的浓厚氛围和良好风尚。这些都是针对研发的大环境而言，可见拥有研发资源能力，还必须构建良好的研发环境，才可以使资源发挥效力，达到良好的研发绩效。

所谓绩效是指某一行为主体在一定环境和条件下完成某项任务所取得的效率和效益。绩效是行为的后果，是可以进行度量的。绩效一方面应当体现投入与产出的对比关系，以较少的资源投入而取得较多的产出则代表其绩效好；另一方面应体现投入的资源是否实现最优配置，是否达到帕累托最优。正如学者李兴宽等指出，研发绩效应该从产出角度进行评价，投入只是为研发产出做准备，是企业进行研发的基础，决定了企业进行研发的能力，而不能决定研发绩效的大小和好坏。

因此，研发绩效评价是运用一定的评价指标体系和科学合理的评价方法对研发主体在投入一定的研发资源进行研发活动后，取得的效果和生产效率以及效益提高而进行的评价，主要是为了考察研发活动在资源配置上是否实现了最优化以及是否达到了应有的效率，通过对评价结果的分析找出造成效率低下的问题所在，进而有针对性地提出改进措施和政策建议。李兴宽、易风华等学者认为，研发带来的绩效有技术效益、经济效益和社会效益，应该从这三个方面对企业研发绩效进行评价。技术效益包括直接的技术效益和间接的技术效益，如产品工艺技术的改进、专利授权、科技论文、参与技术标准的制定等。经济效益指研发对企业经营活动带来的利益流入。社会效益指研发对促进就业、改善环境、合理利用资源等方面起的作用，还有技术研发对社会的贡献率和积累率。

第二节　研发的评价层次——企业层次与区域层面

研发评价首先需要明确评价的对象是谁，研发主体有多个层面，其中企业是最基本的研发主体单位。这是因为研发是企业在激烈的市场竞争中立于不败之地的生存之道，并且企业是最有能力洞察市场机会、把握研发方向的。在市场经济条件下，只有不断地研发，才能使企业的品牌产品在激烈的市场竞争中取胜；只有不断地研发，才能赋予企业产品吸引消费者的独特魅力。我国国民经济和社会发展"十一五"规划提出要建立以企业为主体、市场为导向、产学研相结合的技术研发体系，形成研发的基本体制架构。胡锦涛同志在全国科学技术大会上进一步明确指出，要使企业真正成为研究开发投入的主体、技术研发活动的主体和研发成果应用的主体，全面提高企业的研发能力。因此进行绩效评价首先应站在企业层面，对企业的研发绩效进行评价。

随着对研发评价研究的深入，人们越来越认识到研发不单是一个企业行为的结果，而是一个企业集群、高等院校和研究机构等共同行动的结果，由此引发出研发系统的概念。知识的流动与研发主体之间的地理距离相关，地理位置的接近程度对知识的流动有较大影响，因此，研发系统往往表现出一定的区域特征。

任胜钢和关涛（2006）认为，区域研发系统是指由特定区域内相互联系，共同协作的企业、高校、研究机构、中介和政府等研发主体构成的，在一定的制度、政策等运行环境中，以促进研发，推动区域经济社会发展为目标所形成的空间组织结构系统。国内外很多成功的研发聚集区域如美国的硅谷、德国的巴登—符腾堡地区、我国的中关村等都表现出研发活动的强烈区域性特征。

区域研发系统所包括的范围可以大至由若干个国家组成的经济体内部的研发系统，如欧洲研发系统；也可以指一个国家的研发系统，如印度研发系统；也可以是指一个国家内某一区域的研发系统，如中原经济区或某一城市的研发系统。

第三节　研发绩效评价指标体系设计的原则

构建研发绩效评价体系的首要任务是确立评价体系的原则，必须根据评价的对象和研发绩效的内涵，从多个角度出发，权衡多方面的因素。本书认为应遵循的原则有以下几方面。

一、科学性原则

评价指标体系应该充分反映研发主体进行研发的内涵与规律，并且评价体系应具有一定的层次性，指标的统计要以现代科技统计理论为基础，尽量找到能明确区分评价主体等级的指标，能够定量评价与定性评价相结合，横向比较与纵向比较相结合，能够得出科学合理、真实客观的评价结果。

二、全面性原则

研发的产出绩效表现在多个方面，如技术方面表现为新产品、专利技术，财务方面表现为利润增加，社会效益方面表现为就业增加，环境和谐等。因此，研发评价体系应该覆盖研发主体的财务、技术、价值和社会效益等各个方面。

三、可操作性原则

评价体系所需的数据应当便于调查和收集，尽可能从现有统计报表体系能够直接获取或经简单计算就可以获取。尽量避免形成庞大的指标群或层次复杂的指标树。评价指标体系各项指标要简单易懂，指标内涵和统计范围明确，减少歧义便于实务操作。

四、逻辑性原则

所选择的评价指标之间应该具有良好的协调性、独立性、互补性，不能出现严重的包容关系或重复关系，尽量减少指标体系在概念上的重叠性和统计上的相关性，使选取的指标在代表各方面绩效时符合正常的逻辑。

五、导向性原则

构建研发评价体系的目的是使政府部门和企业管理者动态掌握研发的进展和成果、评估同兄弟城市、不同地区和企业之间的差距，优化政府财政资助、政策扶持等研发资源的结构和配置、调整研发产出目标和方向。指标体系所反映的内容要服务于政府机构的这一目标。

第四节　研发绩效评价指标体系的设计

一、指标选取

从本质上看，研发系统是一个典型的投入产出过程，投入和产出之间应该遵循经济效率原则。研发主体的投入表现为科技研发人员、科研设备和科研资金等研发能力资源，产出的表现形式则多种多样，可以体现为专利技术、新产品新工艺新方法等技术方面，可以表现为企业财务利润的大幅增加，可以表现为公司股价的持续攀升，可以最终表现为研发主体区域经济和社会的进步。在知识经济时代，科技、社会和经济之间相互影响、相互作用、相互渗透、相互依存，因此对研发绩效的考察，即不能单纯地考察其投入过程和研发能力，也不能片面地研究研发后果的某一方面，而应该考虑研发活动对财务、效率、价值、技术、战略、社会等各方面的综合影响。

研发绩效评价对象可以是某一个家企业，也可以是某一区域。根据评价指标体系选取的原则，从微观角度对某一企业的研发绩效进行评价时，本书认为应从财务绩效、技术绩效、价值绩效和社会绩效四个方面综合评价。站在宏观角度对某一区域的研发绩效进行评价时，本书认为应从经济绩效、技术绩效、声誉绩效、社会绩效四个方面综合评价。每一绩效标准又包括多种指标，其度量有些可以进行客观量化，有些只能是个人的主观价值判断。

二、评价指标体系的构建

（一）企业层面研发评价指标

财务绩效：财务绩效衡量微观层面的企业在一定时期内的生产经营成果，主要运用会计核算体系提供公司财务报表的数据来定量表达整个企业的经济效益和成果，是企业在特定时期所具备的盈利能力、资产质量状况、抵抗债务风险能力、运营能力和实际盈利增长能力。

衡量企业财务绩效的指标有很多，反映企业盈利能力的指标主要有净资产收益率、总资产报酬率、成本费用利润率等；反映资产质量和偿债能力的指标一般有资产负债率、现金流动负债比率、流动比率、速动比率等；反映企业运营能力的指标一般包括总资产周转率、流动资产周转率、存货周转率、应收账款周转率等；反映企业成长能力的财务指标一般包括主营业务收入增长率、资本保值增值率等。

价值绩效：现代企业财务管理的目标是实现企业价值的最大化，科技研发活动对企业价值的提高至关重要。对于上市公司而言，企业价值的外在表现为其股票在证券交易市场上的价格，衡量价值绩效的指标有市盈率、市净率、托宾 Q 值等。

技术绩效：研发活动最直接的产出是各项技术研究成果，表现为新产品、新技术的运用而使高新产品和服务收入的增长、申请的专利权和科技论文等。衡量微观企业层面的技术绩效指标有高新产值占总产值比例、企业专利申请数、专利授权数量等。

社会绩效：指企业研发活动对社会所带来的综合贡献。衡量企业微观层面社会绩效的指标有全员劳动生产率、每万元收入能源消耗量、解决就业人口、员工薪酬水平、企业纳税贡献等。

（二）区域研发绩效评价指标

经济绩效：经济绩效衡量某一区域一定时期内的研发活动经济成果，由研发资源分配以及资源利用有关的效率所决定。体现经济绩效的指标有人均国内生产总值、人均高技术产业增加值、单位研发投入的生产总值、单位政府科技费用的高新技术产业增加值等。

声誉绩效：区域内的研发活动具有集聚效应，某一区域内如果拥有良好的研发环境和气氛，将吸引更多的创业主体在区域中寻找发展的机会，从而推动研发的不断扩大升级，形成区域的良好研发声誉。区域的研发声誉不断扩大，研发不断循环和得到自我强化，在全社会形成研发氛围，使研发活动良性循环。衡量区域研发声誉的高低可以由专家打分、企业投票等方式进行主观评价。

技术绩效：衡量区域宏观层面技术绩效的指标有形成的行业新标准、高新技术产业产值占国内生产总值的比例，每万人专利申请数、每万人专利授权数等，衡量微观企业层面的技术绩效指标有高新产值占总产值比例，企业专利申请数、专利授权数量等。

社会绩效：指研发活动对区域社会的政治、文化、民生、生态、环境等带来的综合贡献。衡量区域宏观层面社会绩效的指标有城市化水平、就业率、单位国内生产总值能耗、环境污染指数、财政收入水平等（冯延超，2014）。

研发评价指标体系的构建应该符合科学性、系统性、可操作性等原则，根据所评价的研发主体不同，选择适当的指标体系。本书在文献调研和专家筛选的基础上，结合相关研究成果，认为对区域层面的研发绩效评价时应选取的指标体系如表 8－1 所示，对企业层面的研发绩效评价应选取的指标体系如表 8－2所示。

表 8－1　区域研发绩效评价指标体系

目标层	一级指标	二级指标
区域自主创新绩效评价	经济绩效	人均国内生产总值
		人均高新技术产业增加值
		单位研发投入的生产总值
		单位政府科技费用的高新产业产值
	声誉绩效	专家声誉指数
		研发个体声誉指数
	技术绩效	高新技术产业增加值占国内生产总值的比例
		国家或行业新标准数
		每万人专利申请数
		每万人专利拥有数
	社会绩效	城市化水平
		每万元国内生产总值能耗
		新增就业人口
		环境污染指数
		研发人员人均财政收入

表 8 - 2　企业研发绩效评价指标体系

目标层	一级指标	二级指标
企业自主创新绩效评价	财务绩效	净资产收益率
		单位研发投入的利润
		总资产周转率
		资产负债率
		营业收入增长率
	价值绩效	托宾 Q 值
		品牌商誉知名度
	技术绩效	高新收入增长率
		无形资产占总资产比例
		当年专利申请数
		企业拥有专利总数
	社会绩效	全员劳动生产率
		公益捐赠
		企业就业人数
		员工薪酬水平
		企业纳税贡献

第五节　评价的方法选择

　　不同绩效标准之间可能会存在一定的冲突，如财务绩效的提高可能导致社会绩效的降低；技术绩效的提高需要巨额的高风险研发投入，势必导致财务绩效的降低。将这些绩效指标相联结的方法通常使用计分法或加权计分法，但计分法所建立的指标体系往往带有主观色彩，很难得到满意的结果。近些年，国内外学者使用数学模型进行综合评价方法的研究已经达到了成熟的阶段，这些评价方法涉及各个学科，不同领域、不同的评价主体可以采用不同的评价方法。目前主要使用的评价方法有平衡计分法、专家咨询法、层次分析法、网络分析法、数据包络分析法、主成分分析法、因子分析法、模糊综合评价法、人工神经网络的评价法等。

选用不同的评价方法实际上是从不同的角度对企业研发绩效进行评价。由于每一种方法都有一定的局限性，如果仅仅用一种方法进行评价，得出的结果会很难令人信服。因此选用多种评价方法进行组合，可以充分利用各种方法的优点，取长补短，使评价效果更全面。

研发绩效评价需要综合考虑各方面的投入和产出，在研发主体的这些评价指标中，既有模糊性，又有复杂性，加上主观因素的影响，单纯依靠定量分析，已经不能满足企业研发能力评价的要求。多层次模糊综合评价方法正好可以对这些复杂的模糊因素进行测定和评价，由此本书采用层次分析及模糊评价相结合的方法对研发主体的研发绩效进行综合评价。

一、利用层次分析法确定指标权重

层次分析法（AHP – Analytical Hierarchy Process）于 20 世纪 70 年代中期由美国著名运筹学家匹兹堡大学教授 I. L. Saaty 提出，它是一种将定性分析与定量分析相结合、定性问题定量化的实用决策方法。其基本思路是将一个复杂的问题分解成若干个组合因素，将这些因素按其系统的支配关系，分组形成递阶层次结构，通过两两比较的方式确定层次中诸因素的相对重要性，然后综合人们的经验判断来决定各因素相对重要性的次序及权重。其主要步骤如下：

（一）建立层次结构模型

根据研发绩效评价的目标，将绩效评价模型分为四个层次。第一层为目标层（A 层），即研发主体的研发绩效综合评价分数；第二层为准则层（B 层），是研发绩效四个方面的一级绩效指标；第三层为子准则层（C 层），为每一方面绩效的二级指标体系；第四层为方案层（D 层），即待评价的各个研发主体。

（二）构建两两判断矩阵

召集专家结合研发评价的目的和意义，采用德尔菲法或 1～9 尺度法构建出各层指标之间的两两判断矩阵。判断矩阵表示针对上一层次某指标而言，本层次与之有关的各指标之间的相对重要性。如 A 层与下一层 B_1，B_2，B_3，B_4 之间的联系，构造出判断矩阵（与第六章相同，见表 6 – 1）。

其中，b_{ij} 表示相对最优的研发绩评价结果而言，B_i 对 B_j 相对重要性的数值表现，通常 b_{ij} 可取 1～9 数值以及他们的倒数，其含义见第六章表 6 – 2。

显然，所有判断矩阵都应满足：$b_{ii} = 1$，$b_{ij} = 1/b_{ji}$，i，$j = 1$，2，$\cdots$，n。因此，对于 n 阶判断矩阵，我们仅需对 $n(n-1)/2$ 个矩阵因素给出数值。

同理 B 层指标与下一层 C 的各指标之间也可构造出判断矩阵。

（三）层次单排序及一致性检验

层次单排序是为了计算判断矩阵的特征根和特征向量问题，即对判断矩阵

B，计算满足：BW = λmaxW 的特征根与特征向量，可以用和积法、根法等处理。式中，λmax 为 B 的最大特征根；为对应于 λmax 的正规化特征向量；W 的分量 W_i 即是财务（经济）绩效、价值（声誉）绩效、技术绩效和社会绩效单排序的相对权重值。

为了检验矩阵的一致性，需要计算它的一致性指标 CI，定义：

$$CI = (\lambda max - n)/(n - 1)$$

若(CI/RI) < 0.1，判断矩阵具有满意的一致性，否则就需重新组织专家评判，直至满足一致性要求。RI 为平均随机一致性指标。

同理可得，子准则层 C 对准则层 B 的相对权重，并作一致性检验。如在对区域的研发绩效评价中，人均国内生产总值 C_1、人均高新技术产业增加值 C_2、单位研发投入的生产总值 C_3、单位科技费用的高新产值 C_4 相对于经济绩效 B_1，构造判断矩阵、单层次排序并通过一致性检验后可得到各指标的权重 W_1、W_2、W_3、W_4。

（四）层次总排序及一致性检验

层次总排序即子准则层 C 相对目标层 A 而言，其综合权重计算公式为：

$$C_i \text{ 最终权重} = \sum_{i=1}^{n} B_i \text{权重} \times C_i \text{ 对应的权重}$$

然后对其进行一致性检验：

$$CI = \sum_{i=1}^{n} B_i \text{权重} \times B_i \text{ 对应的 } CI_i \text{ 值} \quad RI = \sum_{i=1}^{n} B_i \text{权重} \times B_i \text{ 对应的 } RI_i \text{ 值}$$

当（CI/RI）< 0.1 时，判断矩阵具有满意的一致性，否则就需重新评判。由此计算得到各个绩效评价指标相对于目标层的相对权重集 $W_c = (wc_1，wc_2，\cdots，wc_n)$

二、运用模糊数学原理建立评价模型

接下来应用 L. A. Zadeh 教授于 1965 年提出的模糊集理论对研发主体的绩效进行模糊综合评判。这种方法把测评过程建立在模糊数学的表达之上，通过对测评因素、权重系数、判断标准、模糊关系确立、模糊关系合成运算，最终达到将模糊的测评对象相对清晰化的目的。在整个测评过程中，测评人对测评对象的认识过程是相一致的，较好地解决了测评中测评因素和测评标准模糊性的问题，从而克服了人的心理影响带来的主观臆断，增强了测评结果的说服力和准确性，其步骤如下。

（一）建立评语集

评语集是评价者对研发主体可能做出的各种评价结果组成的集合，建立的评语集设为 $E = (e_1，e_2，e_3，\cdots，e_k)$。例如可以用（优、良、中、差）或（很好、好、一般、差、很差）等作为评语集。

（二）建立模糊矩阵

选取评价专家、政府领导、企业研发人员、社会公众代表人员等组成研发评价小组。评价人员对被评价的研发主体按照权重集第 i 个因素 C_i 进行评价，对评语集 E 中第 j 个评语 E_j 的隶属程度为 r_{ji}，其数值可以利用评价小组的意见统计而得，其等于对第 i 个因素评判为第 j 个评语的人数占全部评判人数的比重。评价小组成员应客观公正地对待评价的研发主体的各项指标，给出评语集中的评价。这些指标有些可以量化，应根据量化结果分段归入相应的评语集。不能量化的应根据各自的专业判断，公正地将评价的研发主体情况归入相应的评语集。

被评价的研发主体的指标权重集 C_i 对评语集之间的模糊关系可用评判矩阵 R 表示：

$$R = \begin{bmatrix} r_{11} & r_{12} & \cdots & r_{1k} \\ r_{21} & r_{22} & \cdots & r_{2k} \\ \cdots & \cdots & \cdots & \cdots \\ r_{n1} & r_{n2} & \cdots & r_{nk} \end{bmatrix}$$

（三）综合评判

根据指标的相对权重集和评判矩阵对待评价的研发主体进行综合评判，采用模糊算子 M（⊙，·），并将结果归一化处理：

$$G = (w_{c1}, w_{c2}, \cdots, w_{cn}) \times \begin{bmatrix} r_{11} & r_{12} & \cdots & r_{1k} \\ r_{21} & r_{22} & \cdots & r_{2k} \\ \cdots & \cdots & \cdots & \cdots \\ r_{n1} & r_{n2} & \cdots & r_{nk} \end{bmatrix} = (G_1, G_2, G_3, \cdots, G_k)$$

式中，G_k 表示评价组对被评价的研发主体认为属于 E_i 的成员的比重。

对于评语集中的不同评语 E_i，可以规定各自的分数权重 U_i，得到向量 $U = (u_1, u_2, \cdots, u_k)$，其转置向量为 U^T，取 $P = GU^T$，P 即为该研发主体的最终评价结果分数。

第六节　研发绩效评价举例

只有企业研发工作取得成效，区域的整体研发才会有坚实的基础。研发绩效的高低对企业的生存和发展变得日益重要，持续研发是企业构建核心竞争能力的必要条件。如果说大企业是研发的中坚力量，那么中小企业就是研发的生力军。中小企业占企业总数的90%以上，而中小企业具有组织机构灵活、富有弹性等特点，在市场竞争压力下更易于主动研发，在研发效率和研发速度上明显优于大型企业。盖尔曼对美国进入市场的635项研发项目进行研究，发现相对其雇用人数而言，中小企业研发数量高于大企业的2.5倍，将研发引入市场的速度比大企业快27%。在引入风险投资基金后，大量高新技术项目更是以中小企业的形式出现；中国国家统计局和工商联的调查显示70%以上的技术研发都是来自中小企业。由此可见，科技型中小企业是知识经济时代最具研发精神和研发能力的市场主体。因此，本书选取注册地在河南省的上市公司中，选择在中小板和创业板上市的生物、电子、新材料等行业的高新技企业，剔除ST类公司和数据不全的公司，获得16家企业作为样本（有关样本及原始数据见附表，所有数据均来源于公司年报），运用上述方法评价它们的研发绩效。

一、运用层次分析法确定标权重

首先，运用1~9尺度法来构建出企业研发绩效四个方面的一级绩效指标（准则层，B层）的两两判断矩阵B。

$$B = \begin{bmatrix} 1 & 3 & 5 & 6 \\ \frac{1}{3} & 1 & 3 & 5 \\ \frac{1}{5} & \frac{1}{3} & 1 & 3 \\ \frac{1}{6} & \frac{1}{5} & \frac{1}{3} & 1 \end{bmatrix}$$

利用和积法，求得特征向量 W = (0.491 0.305 0.148 0.056)′
BW = (2.482 1.176 0.506 0.243)′
λmax = 4.292，
CI = (λmax − n)/(n − 1) = (4.292 − 4)/(4 − 1) = 0.097
因为(CI/RI) = 0.097/0.9 = 1.08 > 0.1，没有能够通过一致性检验，因此要求再调整判断矩阵。

$$B = \begin{bmatrix} 1 & 4 & 5 & 6 \\ \frac{1}{4} & 1 & 3 & 4 \\ \frac{1}{5} & \frac{1}{3} & 1 & 2 \\ \frac{1}{6} & \frac{1}{4} & \frac{1}{3} & 1 \end{bmatrix}$$

其次，利用和积法，求得特征向量 W = （0.539 0.278 0.119 0.064）′

BW = （2.63 1.026 0.448 0.283）′

$\lambda max = 4.187$

$CI = (\lambda max - n)/(n - 1) = (4.187 - 4)/(4 - 1) = 0.062$

因为（CI/RI）= 0.062/0.9 = 0.069 < 0.1，通过了一致性检验。

因此准则层 B 层四个绩效指标相对于评价目标的权重向量为 W_B = （0.539 0.278 0.119 0.064）。

同样原理，确定子准则层 C 对准则层 B 的相对权重，并作一致性检验。

得 W_{C1} = （0.418 0.299 0.078 0.048 0.157），W_{C2} = （0.75 0.25），W_{C3} = （0.132 0.050 0.369 0.449），W_{C4} = （0.101 0.080 0.332 0.376 0.111）

最后，进行层次总排序即子准则层 C 相对目标层 A 而言的权重向量，至此计算得到净资产收益率、单位研发投入的利润、总资产周转率、资产负债率、营业收入增长率、托宾 Q 值、公司知名度、高新收入增长率、无形资产比例、当年专利申请数、专利拥有总数、全员劳动生产率、捐助额、企业员工人数、员工薪酬水平、企业纳税贡献 16 个指标相对于目标层的相对权重集 W_C = （0.2253 0.1612 0.0420 0.0259 0.0846 0.2085 0.0695 0.0157 0.0060 0.0439 0.0534 0.0065 0.0051 0.0212 0.0241 0.0071）。

二、模糊综合评判对企业研发绩效进行评价

采用（很高、高、一般、低、很低）等作为评语集，并设定评语集的分数权重为 U = （100 80 60 40 10）。

课题组召集的研发评价小组由企业研发技术人员、财务人员、营销人员、在校研究生、政府人员和其他专家共计 20 人，将有关统计数据和情况予以说明，对逐个企业进行综合评价。评价方法为有确切统计数据的进行无量纲处理后从高到低进行排序，前 3 名一般评价为很高，4 ~ 6 名评价为高，7 ~ 10 名为一般，11 ~ 13 为低，14 ~ 16 为很低，当然每位评委也可以根据该企业在同行业中的位置及实际情况，结合自己的观点做出不同的评价。对中航光电（002179）进行的评价结果如表 8 - 3 所示，得到评价矩阵 R：

$$
R_{002179} =
\begin{bmatrix}
0.9 & 0.1 & 0 & 0 & 0 \\
0 & 0 & 0.5 & 0.5 & 0 \\
0.9 & 0.1 & 0 & 0 & 0 \\
0 & 0.15 & 0.5 & 0.35 & 0 \\
0.5 & 0.25 & 0.25 & 0 & 0 \\
0.75 & 0.25 & 0 & 0 & 0 \\
0.25 & 0.25 & 0.25 & 0.25 & 0 \\
0.5 & 0.25 & 0.25 & 0 & 0 \\
0 & 0.1 & 0.9 & 0 & 0 \\
0.9 & 0.1 & 0 & 0 & 0 \\
0.9 & 0.1 & 0 & 0 & 0 \\
0 & 0 & 0.75 & 0.25 & 0 \\
0 & 0.2 & 0.65 & 0.15 & 0 \\
0.15 & 0.55 & 0.01 & 0.25 & 0 \\
0 & 0.4 & 0.4 & 0.2 & 0 \\
0 & 0 & 0.5 & 0.5 & 0
\end{bmatrix}
$$

表 8 - 3　评价小组对中航光电（002179）的评价结果

指标	对中航光电的评价结果人数（左），占评价小组总人数的比重（右）									
	很高		高		一般		低		很低	
净资产收益率	18	0.90	2	0.10	0	0.00	0	0.00	0	0.00
单位研发投入的利润	0	0.00	0	0.00	10	0.50	10	0.50	0	0.00
总资产周转率	18	0.90	2	0.10	0	0.00	0	0.00	0	0.00
资产负债率	0	0.00	3	0.15	10	0.50	7	0.35	0	0.00
营业收入增长率	10	0.50	5	0.25	5	0.25	0	0.00	0	0.00
托宾 Q 值	15	0.75	5	0.25	0	0.00	0	0.00	0	0.00
品牌商誉知名度	5	0.25	5	0.25	0.5	0.25	5	0.25	0	0.00
高新收入增长率	10	0.50	5	0.25	5	0.25	0	0.00	0	0.00
无形资产/总资产	0	0.00	2	0.10	18	0.90	0	0.00	0	0.00
企业专利申请数	18	0.90	2	0.10	0	0.00	0	0.00	0	0.00
企业专利拥有数量	18	0.90	2	0.10	0	0.00	0	0.00	0	0.00
全员劳动生产率	0	0.00	0	0.00	15	0.75	5	0.25	0	0.00
捐助额	0	0.00	4	0.20	13	0.65	3	0.15	0	0.00
企业就业人数	3	0.15	11	0.55	1	0.05	5	0.25	0	0.00
员工薪酬水平	0	0.00	8	0.40	8	0.40	4	0.20	0	0.00
企业纳税贡献	0	0.00	0	0.00	10	0.50	10	0.5	0	0.00

对中航光电（002179）的研发绩效进行模糊综合评判，运用模糊算子 M（⊙，·）：

Q =（0.2253　0.1612　0.0420　0.0259　0.0846　0.2085　0.0695　0.0157　0.0060　0.0439　0.0534　0.0065　0.0051　0.0212　0.0241　0.0071）×

$$
\begin{bmatrix}
0.9 & 0.1 & 0 & 0 & 0 \\
0 & 0 & 0.5 & 0.5 & 0 \\
0.9 & 0.1 & 0 & 0 & 0 \\
0 & 0.15 & 0.5 & 0.35 & 0 \\
0.5 & 0.25 & 0.25 & 0 & 0 \\
0.75 & 0.25 & 0 & 0 & 0 \\
0.25 & 0.25 & 0.25 & 0.25 & 0 \\
0.5 & 0.25 & 0.25 & 0 & 0 \\
0 & 0.1 & 0.9 & 0 & 0 \\
0.9 & 0.1 & 0 & 0 & 0 \\
0.9 & 0.1 & 0 & 0 & 0 \\
0 & 0 & 0.75 & 0.25 & 0 \\
0 & 0.2 & 0.65 & 0.15 & 0 \\
0.15 & 0.55 & 0.01 & 0.25 & 0 \\
0 & 0.4 & 0.4 & 0.2 & 0 \\
0 & 0 & 0.5 & 0.5 & 0
\end{bmatrix}
$$

=（0.5254　0.1578　0.1948　0.1231　0.0000）

评语集的分数权重为 U =（100　80　60　40　10），则中航光电（002179）的最后评分为：

P = RU^{T} =（0.5254　0.1578　0.1948　0.1231　0.0000）（100　80　60　40　10）^{T} = 81.77

其余公司使用类似的方法进行评价，最后所得结果如表8 - 4所示。

表8 - 4　河南省中小高科技上市公司研发绩效综合评价得分

排名	企业名称	股票代码	分数
1	森源电气	002358	87.56
2	中航光电	002179	81.77
3	新天科技	300259	73.98
4	华兰生物	002007	66.18
5	轴研科技	002046	62.71
6	通达股份	002560	62.28

续表

排名	企业名称	股票代码	分数
7	恒星科技	002132	60.24
8	辉煌科技	002296	59.40
9	汉威电子	300007	58.37
10	新开普	300248	56.00
11	多氟多	002407	55.53
12	隆华节能	300263	55.06
13	远东传动	002406	54.81
14	新开源	300109	51.35
15	利达光电	002189	42.50
16	新大新材	300080	37.23

第九章 实证研究

由于研发活动具有创新性、风险性和复杂性的特点，对其进行管理和控制是难点，国内许多企业把研发活动作为一块特区对待，缺乏有效的管控系统或流于形式。国外对新产品开发活动管理控制系统的内容特征、管控系统的构建、产品创新及绩效的影响，都进行了广泛的理论探索和实务研究。创新水平高的国家或地区对研发活动的管理控制水平也相对较高，因此企业对研发活动的管控水平可能是影响研发成功率高低的一个重要原因。

同样的 R&D 投入，企业技术创新后果却存在着巨大的差异，导致不同地区不同企业研发效率差异的原因是多方面的，学者最早研究了市场结构与研发效率之间的关系。有人认为高市场集中度的产业更有助于激励企业的研究开发（Schumpeter，1943），但朱有为和徐康宁（2006）的实证研究表明，市场竞争对中国高技术产业的研发效率有显著的正相关关系，印证了 Arrow（1962）的观点。股权激励、产学研合作、FDI、企业规模、新产品需求、人力资本和研发要素之间比例协调等对研发效率有显著且积极的影响（池仁勇、唐根，2004；原毅军等，2013；陈修德、梁彤缨，2010；刘和东，2011；梁彤缨、雷鹏、陈修德，2015）。赵文红和许圆（2011）对影响企业研发活动失败的原因进行了实证分析，认为资源不足、协调不足、管理不佳、技术不当、外部变动是重要因素。梁莱歆（2007）认为，研发活动经济效益低的重要原因与研发资金及其管理有着直接的联系，针对研发过程的缺少价值管理的现状，提出加强研发资金预算管理的思路。

研发活动是一个贯穿项目论证到最后成果转化的系统流程体系，国外学者较早提出了需要从研发活动全流程的角度进行管理控制的观点，Rockness 和 Shields（1984）认为，MCS 类型包括投入控制、行为控制、结果控制。Bisbe 和 Otley（2004）通过对 120 家西班牙制造业公司的调查认为，包括有预算体系、平衡计分法以及项目管理系统的正式 MCS 对企业创新和长期业绩的影响起积极作用。Adler 和 Borys（1996）提出，为了同时推动效率和弹性，需建立能动的管理控制系统，不仅需要正式的规则、程序进行控制，也需要组织员工以一种能动的方式对待这些正式控制程序，以使员工更有效地处理工作流程中不可避免的例外情况。周琳（2014）调查发现，许继集团通过构建实施新产品开发管理控制系统（MCS），提高了产品的创新效果。

作为研发管控的核心，研发资金管控是指为了实现企业的研发战略和企业价值最大化的目标，从研发资金的筹集，到研发资金在不同研发项目上的资本预算分配，再到研发活动进行过程中的资金预算控制，最后到对研发资金的使用效果进行业绩评价的整个过程中采用的各种管理的控制手段。研发资金管控系统主要是针对企业研发活动的复杂性、创新性、不确定性特征而实施的一种围绕研发资金的筹集、预算到业绩评价的动态管理机制。高科技企业应该构建一整套研发资金管控体系，从而更好地服务于研发活动的成功开展和企业绩效的提升，本章将从实证的角度，分析研发管控系统对企业融资、创新和综合绩效的影响。

第一节　理论分析与研究假设

现代市场经济条件下，企业面临着激烈的市场竞争，随着企业经营权与所有权的分离，由此产生的委托代理问题使得企业在发展过程中充斥着经营风险。贷款利率与贷款风险相关，是对贷款人承担风险的补偿，如果企业的经营风险过大，金融机构担心借款到期不能收回，就不会借款给企业，即使借款给企业，也将在平衡风险收益的条件下要求较高的利息率，从而抬高企业的债务融资成本。高科技企业的本身经营风险非常大，但假如高科技企业建立了高水平的研发管控机制，将会影响企业内部的决策机制，促使企业高管做出的决策有利于公司资源的合理配置。高水平的研发管控机制是解决高科技企业内部代理问题的一种内部风险控制机制，使得利益相关方形成有效的权力制衡结构，决策过程趋于理性，对企业可能面临的风险进行事先评估并实时监控，从而降低经营风险。COSO 委员会的《企业风险管理——整合框架》在《内部控制——整体框架》的基础上，在原有的内控环境、风险分析、信息与沟通、内控活动、监督五大内部控制要素的基础上增加了目标设定、事项识别和风险应对三个要素，形成了以内部控制为主体的系统化的企业风险管理框架。通过企业内部的机构设置和权责配置，规范授权审批等控制活动，健全完善的风险管理制度和实施机制，对企业经营风险进行及时识别、控制和应对决策，同时保证各类信息的及时传递和有效沟通，最终使经营风险降低至可控和可接受的水平。高科技企业研发资金管控系统作为内部控制的重要组成部分，其水平越高，企业的经营风险越小，对债权人的本金和利息支付越有保障，金融机构也更倾向于给予更多的贷款、更加优惠的利率，从而降低企业的债务融资成本。

中国财政部等部门发布的《企业内部控制基本规范》中认为，建立内部控制的主要目标是合理保证企业经营管理合法合规，保证资产安全，合理保证财务报告及相关信息真实完整。如果建立和完善良好的研发资金内部控制系统，企业在治理结构、业务流程、资产管理、授权审批、信息与沟通等方面将实施严密的控制与规范。企业管理层在编报财务会计信息时，经济业务原始记录、职业判断和会计处理过程都在严密的组织结构及合理的权责划分机制下进行，全程、全员、全面的过程控制和有序的内部管理确保了业务人员及时对所有应该记录的经济业务进行正确的会计处理，从而使会计信息的可靠性、相关性、稳健性、及时性等质量特征得以保证。权力制衡机制、监督机制和良好的信息沟通抬高了财务舞弊的成本、降低了管理层财务舞弊的动机。可见，建立健全有效的研发资金管控机制是高质量的会计信息的基础，企业管控机制有效性越高，会计信息质量越高。

高科技企业与金融机构之间存在着严重的事前、事中和事后的信息不对称，逆向选择与道德风险问题存在于债务契约履行的整个过程中。财务信息具有债务融资契约功能，可靠、真实、稳健的高质量会计信息，可以有效缓解企业与金融机构之间的信息不对称，降低契约双方的代理成本。高质量的会计信息为处于信息弱势的金融机构提供了企业当前真实可靠的绩效和现金流状况，能够对未来企业的盈利和现金流做出较为稳健的预测，按时足额收回借款及利息的风险降低。高质量的会计信息也表明，企业能够抑制管理层操纵应计利润等机会主义行为，企业的现金流能够得到合理使用和转移，为偿还借款提供良好的现金流。通过高质量的会计信息，金融机构更加真实地了解到企业的盈利能力、偿债能力、现金流量，缓解企业管理层和金融机构之间的信息不对称问题，债务契约的监督成本和执行成本从而降低，促使金融机构进行降低债务成本的决策。

良好的研发资金管控机制能作为一种有利的信号传递机制，向企业的债权人传递企业资信等级高的信号。于海云（2011）的研究发现，企业的内部控制越有效，越愿意向市场披露信息，以此传递企业价值较高的信号，高质量的内部控制保证了信号传递的可置信性，降低了债权人的风险。高科技企业如果具有良好的研发管控机制，债权人将感知到更多的保护信号，债务契约的条件将会放宽，此时债权人倾向于更长的债务期限、偏好更低的债务资本成本、扩大债务资本规模。根据上述分析，本书提出研究假设1：

假设1：在控制其他条件的情况下，高科技企业的研发资金管控系统有效性水平越高，更容易获得债务融资，并且融资成本更低。

与银行相比，企业之间的商业活动深入越持久，对其经营活动、财务状况和所处行业的竞争状况等信息优势越突出（Burkart and Ellingsen，2004），拥有以上优势的供应商会允许客户推迟支付货款，从而形成银行借款的替代性融资。特别是对于高科技企业而言，由于风险太高受到银行的信贷歧视，只能更多地使用商业信用融资方式。任何债务契约的签订，作为债权人的一方都需要获取各方面的信息，债权人是否给予契约另一方商业信用，提供商业信用的期限长短、规模大小等都需要依据这些信息进行决策。财务会计信息综合反映了企业的偿债能力、盈利质量和现金能力，借助会计信息，债权人能够评判企业的履约能力和违约风险，降低债务契约的监督成本和执行成本。可见，会计信息是债务契约签约之前的重要信息来源，是监督债务契约履行的重要工具。会计信息的重要功能之一是债务契约功能，在订立商业信用契约时，会计信息是最重要的决策依据。供应商提供商业信用融资后必然要监督企业，以便及时和足额收回贷款，与银行债权人身份一样，供应商在这种替代性融资过程中，通过了解企业的会计信息而监督企业，以便及时做出"信贷政策"决策。

但会计信息是由企业生产和提供的，在信息不对称条件下，企业管理层存在着道德风险和逆向选择问题，基于自身利益最大化的考虑导致管理当局对会计信息进行粉饰操纵甚至财务造假，会计信息将严重失真。为了保证会计信息的质量，降低信息使用者在决策过程中面临的风险，实现会计信息决策有用性目标，促进社会资源合理配置的功效，在资本市场的发展过程中形成了从公司内部治理结构到外部中介机构治理再到政府管制等一系列的治理机制。高科技企业构建的研发管控机制，对会计信息质量产生直接的作用，也必将对商业信用这种债务契约的签订产生影响。

良好和完善的研发资金管控系统中，利益相关者的多方制衡机制降低了会计舞弊的机会与动机，生成财务会计信息的各类资料、职业判断和处理过程都是在严密的组织结构及合理的权责划分机制下形成的，从而保证会计信息的可靠性、相关性等质量特征。可见，高质量的会计信息建立在健全有效的研发活动内部控制基础上。

高质量的会计信息为处于信息弱势的供应商提供了企业当前真实可靠的绩效和现金流状况，能够对未来企业的盈利和现金流做出较为稳健的预测，按时足额收回货款的风险降低。高质量的会计信息也反映了企业对风险的谨慎态度，表明企业具备完善的风险评估、应对程序等风险管理制度以及对外担保程序和授权审批等控制活动，降低供应商对企业风险的评价。高质量的会计信息也表明，企业能够抑制管理层操纵应计利润等机会主义行为，企业的现金流能够得到合理使用和转移，为供应商提供良好的现金流。企业内部控制有效性越高，会计稳健性程度也越高（徐虹、林钟高、余婷，2013），因此研发活动管控的有效性决定了会计信息质量的高低，高质量的会计信息降低了交易双方信息不对称的情况，使供应商不能收回货款的风险降低，进而做出增加商业信用的决策。

企业之间长期进行商业活动，对另一方的控制环境、授权审批等内部控制信息有比较详细充分的了解，良好的研发管控能作为一种有利信号传递机制，向企业的供应商、客户传递一个积极的信号。供应商能够更加真实地了解企业的盈利能力、偿债能力、现金流量等财务会计信息，增强了双方的相互信任关系。良好的研发管控系统保证了信号传递的可置信性，降低了供应商的风险。特别对于高科技企业来说，银行信贷融资受到约束，为了更好获取融资资源，必须提高内控有效性，以向供应商及客户传达公司利好消息，从而得到各相关利益方信任，进而取得更多的商业信用。根据上述会计信息债务契约有用理论和信号传递理论的分析，提出本书的第二个研究假设：

假设2：在控制其他条件的情况下，研发资金管控水平高的高科技企业能够获得更多的商业信用融资。

研发项目的流程设计、绩效管理、风险控制、成本控制、项目管理和知识管理等专业化活动可视作以许多基本作业活动的集合，企业可以依据自身积累的项目开发经验、历史数据以及对研发项目流程的分析，构建实施完善的研发管理控制系统。比较常见是将研发活动的管控系统按资金的使用状态分为投入控制、过程控制和产出控制，对研发活动资金全过程进行管理控制。

从研发活动的投入控制看，研发人员可能产生盲目乐观情绪，或为了自身利益而采取机会主义行为，不经科学论证就做出错误立项决策。研发管控系统要求建立完善的立项、审批制度，确定研究开发计划制定原则和审批人，审查承办单位或专题负责人的资质条件和评估、审批流程等。企业应成立跨部门的决策委员会，对研发项目的技术、市场、财务进行分析，做出是否批准立项以及多个可行的研发项目投资组合的决策。研发活动不同于生产销售活动的一个显著特点是，它同时是一项投资活动，具有独立的价值创造功能，从而可视作一个投资项目。企业可以运用净现值法、剩余收益法、实物期权法等资本预算方法，科学合理地预测出研发项目的投资价值，再结合投资报酬率、企业战略及项目平衡等目标，选择合适的研发项目组合。这样在研发活动投入阶段就可以将技术不成熟、财务净现值为负、市场前景风险过大的研发项目否决，使企业将有限的研发资源配置到对企业最有利的研发项目组合中，从而提高研发的绩效。

从研发活动的过程控制角度看，研发资金管控系统有助于企业建立合理有效的流程体系，避免研发资源的浪费和投入失控。管控系统要求企业成立专门的研发机构，合理设计项目实施进度计划和组织结构，实现研发项目分层、分级计划管理，严格执行研发管理制度和落实岗位责任制，建立信息反馈制度，全过程跟踪管理与监督。同时要求根据自身的研发特点，采用产品及周期优化、门径管理、产品集成开发、并行工程等流程管理理论实现研发流程管理控制的规范化、科学化。管控系统对研发项目实施过程中的资源投入进行分阶段、分责任中心、分成本明细项目的分配、控制和考评，明确资金支付标准及审批权限，完善研发经费入账管理程序，正确开展会计核算。过程管控实施预算管理控制，按产品、部门、项目、阶段、时间等多维度进行研发资源消耗统计，实时洞察研发资源的投入和使用状态，并与预算指标做比较分析。研发过程的管控使各项研发活动在一定的资源约束下进行，使研发人员树立成本意识，当资源消耗远大于预算时，可以及时终止财务上不可行的项目。因此，有效的研发过程管理控制系统可以提高研发的进度、避免资金的浪费、降低研发成本，有利于研发绩效。

从研发活动的产出控制看，研发资金管控系统要求及时对研发成果进行测试、验收和鉴定，明确是否申请专利，或作为非专利技术、商业秘密等进行管理，研发过程中形成的各类涉密图纸、程序、资料要建立管理和借阅制度，建立研发项目档案，推进研发信息资源的共享和应用。这些管控措施使有利于节约下一步研发的成本，已有的研发成果受到法律和制度保护，保证了企业的核心竞争力不受威胁，从而使研发成果顺利转化为经济效益。同时研发产出控制进行目标与关键后果评价，构建研发绩效量化考核体制，实现研发绩效管理，激发研发人员的工作积极性和创造性，从而更有利于研发绩效的提高。

综上分析，本书提出研究假设 3。

假设 3：良好有效的研发活动管控系统，有利于提高企业的研发综合绩效。

第二节　研究设计

一、样本选择和数据来源

本书样本以 2010 ~ 2013 年在深圳证券交易所中小板上市公司为初始样本，根据中国证监会对上市公司的行业分类标准（CSRC），选取信息技术业、医药生物制品业和电子产品制造业三个行业的上市公司作为高科技企业样本。这三个行业属于国家重点支持的高新技术领域，行业内的多数企业设有专门的研究开发机构，拥有专利、软件版权等自主知识产权，母公司或重要的子公司被认定为高新技术企业。为保证研究的合理有效性，剔除了以下几类公司：①因为新上市企业的财务数据波动较大，并且 IPO 时已筹集到巨额资本金，暂且对债务融资的依赖较弱，所以剔除上市少于两年的公司；②债权人进行贷款决策时，即使企业的内部控制水平再有效、审计质量再高，但财务业绩过差将导致贷款本金和利息收回的风险无法承受，理性的债权人将不给予贷款，所以剔除了净资产收益率在 3% 以下、资产负债率在 80% 以上业绩欠佳的公司；③剔除数据异常和 ST 类公司，最后共计获得观测值 1650 个。样本公司的财务数据等来源于万德（Wind）与锐思（RESET）数据库。

二、变量

（一）被解释变量

被解释变量 1 是债务融资规模，采用企业当年有息债务占总资产的比例计算，其中，有息债务包括短期借款、长期借款和应付债券。

被解释变量 2 是债务融资成本，采用企业当年利息支出占有息债务平均数的比重来计算债务融资成本。其中，有息债务包括短期借款、长期借款和应付债券等。当然，用此方法计算的数据并不是真实的企业债务资金成本，仅代表着融资成本的高低。

被解释变量 3 是商业信用融资，国内外的学者多采用企业当年应付账款占总资产比重来考察商业信用融资情况，考虑到企业商业信用融资所包括的内容，本书采用企业当年期末的应付账款、应付票据和预收账款之和占总资产的比例衡量商业信用融资规模的大小。

被解释变量 4 是研发绩效，采用前文中对企业研发绩效的综合评价方法，即从财务绩效、技术绩效、价值绩效和社会绩效四个方面运用层次分析与模糊评价结合进行综合评价的得分。

（二）解释变量

研发资金管控水平：由于资金管理控制是一个综合性的概念，在实证过程中难以将其量化。马如飞（2009）认为，在整个管理活动中，R&D 资金的投入是资金管理的起点，R&D 资金在空间和时间上的分配构成资金管理的主要内容，而对 R&D 资金计划的有效控制是 R&D 资金管理的有效保障。因此，他主要从企业的 R&D 资金投入总额、R&D 资金在项目之间的分配、R&D 资金投入在时间上的连续性以及 R&D 资金计划的执行程度四个方面衡量企业 R&D 资金管理的水平。但这些指标都偏重于财务数据，本书认为，研发资金管控机制属于企业内部控制的重要组成部分，高科技企业的控制环境、风险评估、控制活动、信息与沟通、监督等因素的设计和执行效果决定了其研发资金管控水平的高低。深圳市迪博企业风险管理技术有限公司经过数据甄选、研究分析与科学计算，综合各方面的评估编制了上市公司的内部控制指数，为研究者了解企业内部控制水平的高低提供了直观的定量依据。内控指数值越高，说明企业内部控制有效性水平越好。本书以迪博公司数据库中的内部控制指数作为研发资金管控水平的替代变量，将该指数进行对数化处理后来衡量研发资金管控有效性水平高低。此外，构建管理控制有效水平高低的虚拟变量，即将内部控制指数低于中位数的企业定义为低管控水平，高于中位数的则定义为高管控水平。

（三）控制变量

在实证检验研发资金管控水平对企业债务水平和债务成本时，参照陈汉文和周中胜（2014）、孙刚（2013）、郑军和林钟高（2013）等的研究，影响债务融资成本的因素还有公司规模、负债水平、产权性质、股权集中度、现金流量能力、盈利能力、成长能力、抵押能力、上市年龄等。为控制这些因素对债务融资成本的影响，本书将这些变量作为控制变量，此外还控制了行业和年度的影响。鉴于金融机构做出贷款及利率决策时，是根据企业前期的财务信息来分析财务状况和偿债能力的，因此本书将上述反映企业财务状况的控制变量滞后一年，这也控制了变量的内生性问题。

在实证检验研发资金管控水平对商业信用融资的影响时，参照 Petersen 和 Rajan（1997）、应千伟和蒋天骄（2012）、郑军和林钟高等（2013）、刘宝财（2014）、张勇（2013）等的研究，影响商业信用融资的因素还有公司规模、资产负债率、产权性质、股权集中度、存货周转率、银行信贷规模、经营活动产生的净现金流、盈利能力、成长能力、企业所处行业的市场竞争程度资产抵押能力、公司所处地区的经济发展程度以及公司所在地区的政府干预程度等。本书将这些变量作为控制变量，以控制公司其他特征对商业信用的影响。鉴于供应商需要根据企业前期的财务状况分析其偿债能力，进而做出商业信用授予决策，因此本书将上述表征企业财务状况的自变量滞后一年，定义为上一年度数据，这也控制了变量的内生性问题。

在实证检验研发资金管控水平对企业研发绩效的影响时，参照梁莱歆和马如飞（2009），刘和东（2011），梁彤缨、雷鹏和陈修德（2015）等的研究，可能影响研发绩效的变量有资产规模、产权性质、股权集中度、资产负债率、总资产周转率、企业所处行业的市场竞争程度、公司所处地区的经济发展程度以及公司所在地区的政府干预程度等。本书将这些变量作为控制变量，以控制公司其他特征对研发绩效的影响。此外，所有检验都对行业和年份设置虚拟变量，以控制年份和行业固定效应。所有变量的符号及计算方法如表 9－1 所示。

表 9-1 变量符号及计算方法

变量名称	符号	计算方法
债务融资规模	LS	（短期借款＋长期借款＋应付债券）／总资产
债务融资成本	LC	利息支出／（期末有息债务余额＋期初有息债务余额）
商业信用融资	TC	（应付账款＋应付票据＋预收账款）／总资产
研发绩效	RP	根据 AHP-FUZZY 模型评价综合得分
研发资金管控水平	RDMC1	迪博数据库中上市公司内部控制指数的自然对数
	RDMC2	如果内控指数高于样本中位数，则为1，否则为0
公司规模	Size	总资产的自然对数
负债水平	LEV	年末负债总额／总资产
产权性质	State	虚拟变量，最终控制人为政府时取1，否则取0
股权集中度	Share	公司第一大股东持股比例
现金流充裕度	CFO	经营活动所产生的现金流净额／总资产
盈利能力	ROE	净资产收益率，净利润／净资产
成长能力	Growth	（当期营业收入－上期营业收入）／上期营业收入
资产抵押能力	Capital	固定资产净值／总资产
市场地位	MPOS	企业年度销售额占本年度行业内所有企业销售总额的比率
市场化程度	Market	樊纲、王小鲁编制的公司注册所在地的市场化进程指数
公司年龄	Age	公司上市年限取自然对数
银行信贷规模	Bank	（长期借款余额＋短期借款余额）／总资产
年份	Year	年度哑变量
行业	INDU	中国证监会的行业分类（CSRC）

三、模型设定

为了验证研发资金管控水平与债务融资水平的关系，本书设置的基本检验模型如下：

$$LS = \beta_0 + \beta_1 RDMC + \beta_2 Age + \beta_3 Size + \beta_4 LEV + \beta_5 State + \beta_6 Share + \beta_7 CFO + \beta_8 ROE + \beta_9 Growth + \beta_{10} Capital + \sum \beta_i Year + \sum \beta_j INDU + \varepsilon$$

为了验证研发资金管理水平与债务融资成本的关系，本书设置的基本检验模型如下：

$$LC = \beta_0 + \beta_1 RDMC + \beta_2 Age + \beta_3 Size + \beta_4 LEV + \beta_5 State + \beta_6 Share + \beta_7 CFO + \beta_8 ROE - \beta_9 Growth + \beta_{10} Capital + \sum \beta_i Year + \sum \beta_j INDU + \varepsilon$$

为了验证高科技企业研发资金管控水平对商业信用融资的影响，本书设置的基本检验模型如下：

$$TC = \beta_0 + \beta_1 RDMC + \beta_2 Share + \beta_3 Size + \beta_4 LEV + \beta_5 Turn + \beta_6 Bank + \beta_7 ROA +$$
$$\beta_8 Growth + \beta_9 Capital + \beta_{10} CFO + \beta_{11} State + \beta_{12} MPOS + \beta_{13} Market +$$
$$\sum \beta_i Year + \sum \beta_j INDU + \varepsilon$$

为了验证高科技企业研发资金管控水平对研发绩效的影响，本书设置的基本检验模型如下：

$$RP = \beta_0 + \beta_1 RDMC + \beta_2 Size + \beta_3 LEV + \beta_4 Turn + \beta_5 State + \beta_6 Share + \beta_7 MPOS +$$
$$\beta_8 Market + \sum \beta_i Year + \sum \beta_j INDU + \varepsilon$$

第三节　实证分析

一、描述性统计

表 9 - 2 给出了主要变量的描述性统计结果。从表 9 - 2 中可以看出，高科技企业从金融机构获得贷款最高为 36.45%，最低值为 0，平均值为 8.53%，说明大部分高科技企业从金融获得信贷的比例较低。以利息支出为口径计算的债务融资成本的中位数为 0.0148，均值为 0.0155，融资成本最大值为 0.1429，最小值为 0，标准差为 0.0093，说明不同企业的债务融资成本差异较大。商业信用融资水平的均值达到 14.78%，中位数为 12.80%，说明高科技企业普遍采取了商业信用的模式融资，最大值为 74.49%，最小值为 0.22%，标准差为 12.20%，说明不同高科技企业的商业信用规模差异较大。综合绩效水平最高值为 89.45，最低值 25.34，均值为 46.77，说明整合高科技企业的综合绩效并不十分理想。研发资金管控水平指数对数化处理后中位数为 6.5505，最小值为 6.0478，最高值达到 6.8584，标准差达到 0.0813，均值达到 6.5381，说明不同企业的研发管控水平迥异，部分企业的管控机制还有待进一步加强。样本企业资产规模对数的均值为 21.245；资产负债率的均值为 39.54%，抵押能力的均值为 0.2873，盈利能力的均值为 11.57，包括其他一些财务指标均符合能够获得债务融资企业的正常情况。

表 9 - 2　主要变量的描述性统计

变量	中位数	均值	最小值	最大值	标准差
LS	0.0958	0.0853	0.0000	0.3645	0.0093
LC	0.0148	0.0155	0.0000	0.1429	0.0093
TC	0.1478	0.1280	0.0022	0.7449	0.1020
RP	44.67	46.77	25.34	89.45	2.9567
RDMC1	6.5505	6.5381	6.0478	6.8584	0.0813
RDMC2	0	0.4982	0	1	0.5001
Size	21.166	21.245	19.053	26.646	0.8829
LEV	0.3843	0.3954	0.0075	1.2927	0.1822
State	0	0.18	0	1	0.386
Share	0.359	0.3651	0.0473	0.8150	0.1462
CFO	0.0463	0.0474	- 0.3166	0.4300	0.0878
ROE	0.1006	0.1157	- 0.8293	1.1787	1.0608
Growth	0.1654	0.2058	- 0.0975	5.0764	0.3310
Capital	0.2759	0.2873	0.0008	0.9795	0.1594
Age	3	3.42	0	9	2.212
MPOS	0.0193	0.0017	0.0001	0.8576	0.0720
Market	3.0794	3.0600	2.5500	3.4400	0.1279

二、单变量检验

首先将样本按管控指数的高低进行分组，如果样本企业的管控指数高于样本中位数，则认为其研发资金的管理控制水平较高，否则为低。然后对分组样本进行均值差异 T 检验，表 9 - 3 给出了检验结果。从表 9 - 3 中可以看到，研发资金管控水平较高样本组的债务融资水平平均值为 0.1045，高于研发资金管控水平高样本组的 0.0756，且均值差异具有统计显著性。研发资金管控水平较高样本组的债务融资成本平均值为 0.0146，低于研发资金管控水平较高样本组的 0.0163，且均值差异具有统计显著性。研发资金管控水平较高样本组的商业信用融资平均值为 0.1765，高于研发资金管控水平较高样本组的 0.1356，且均值差异具有统计显著性。研发资金管控水平较高样本组的综合研发绩效平均值为 49.45，高于研发资金管控水平较高样本组的 40.32，均值差异也在 1% 上具有统计显著性。

表9-3 均值差异检验情况

项目	样本分组	各组数量	样本均值	均值差异 T 值	Sig.（双尾检验）
债务融资规模	高管控水平	822	0.1045	6.8945	0.0000
	低管控水平	828	0.0756		
债务融资成本	高管控水平	822	0.0146	3.8543	0.0000
	低管控水平	828	0.0163		
商业信用融资	高管控水平	822	0.1765	5.6743	0.000
	低管控水平	828	0.1356		
综合绩效水平	高管控水平	822	49.45	6.3244	0.0000
	低管控水平	828	40.32		

对研发资金管控水平和被解释变量之间的 Pearson 相关系数和 Spearson 相关系数进行分析，检验结果显示，研发资金管控水平指数与各被解释变量的 Pearson 相关系数和 Spearman 相关系数都在 1% 水平或 5% 水平下呈显著的相关关系，各解释变量和控制变量之间的 Pearson 相关系数都较小，说明它们之间的共线性并不严重。此外，通过检验发现，模型中各变量的方差膨胀因子 VIF 均小于 2，容忍度均大于 0.60，进一步证明解释变量间的共线性较小。

由此可见，研发资金管控水平的高低显著影响企业的各项融资指标，也显著影响研发的综合绩效，且与预期假设相符。但单变量检验具有局限性，还需要在控制其他变量的基础上使用多元回归分析方法研究内部控制、审计质量与债务融资成本之间的关系。

三、回归结果分析

表9-4 报告了对研发资金管控水平与企业债务规模、融资成本进行多元线性回归分析的结果。模型 1 和模型 2 主要检验研发管控水平与债务融资成本的关系，分别以研发管控水平指数和研发管控水平高低的哑变量作为解释变量。模型 3 和模型 4 主要检验研发管控水平与债务融资规模的关系，分别以研发管控水平指数和研发资金管控水平高低的哑变量作为解释变量。各模型的 F 值和调整的 R 平方值均比较高，表明模型拟合度较好，检验模型有效。

模型 1 中，研发资金管控水平指数的回归系数为 -0.077，T 值为 -2.783，显著性水平为 1%；模型 2 中是否高管制水平的回归系数为 -0.05，T 值为 -1.925，显著性水平为 5%。不论是采用内部控制指数作为解释变量，还是以是否为高水平内控的虚拟变量作为解释变量，它们与债务融资成本都呈显著的负相关关系。模型 3 中研发资金管控水平指数的回归系数为 0.034，T 值为 2.353，显著

表 9 - 4　回归结果表（一）

变量	模型 1	模型 2	模型 3	模型 4
RDMC1	- 0.077 *** (- 2.783)		0.034 *** (2.353)	
RDMC2		- 0.050 ** (- 1.925)		0.024 *** (2.052)
Size	- 0.122 *** (- 3.896)	- 0.132 *** (- 4.219)	1.041 *** (45.490)	0.881 *** (3.114)
LEV	0.043 (1.465)	0.051 * (1.748)	- 0.010 (- 0.712)	- 0.086 *** (- 9.963)
State	0.040 (1.547)	0.038 (1.487)	- 0.823 *** (- 35.572)	- 0.009 (- 0.398)
Share	- 0.046 ** (- 1.803)	- 0.050 ** (- 1.978)	- 0.232 *** (- 13.408)	- 0.938 *** (- 23.041)
CFO	- 0.051 * (- 1.723)	- 0.052 * (- 1.732)	0.080 *** (5.767)	0.254 *** (9.088)
ROE	- 0.017 (- 0.499)	- 0.030 (- 0.936)	0.065 *** (3.750)	0.109 *** (4.852)
Growth	0.013 (0.47)	0.015 (0.565)	- 0.025 (- 1.443)	- 0.087 *** (- 3.181)
Capital	0.024 (0.800)	0.026 (0.869)	0.007 (0.503)	0.041 (1.481)
Age	- 0.034 (- 1.080)	- 0.033 (- 1.406)	0.025 * (1.870)	0.036 (1.541)
Year	控制	控制	控制	控制
INDUST	控制	控制	控制	控制
N	1650	1650	1650	1650
F	5.30	5.105	5.815	5.716
Adj - R^2	0.054	0.052	0.063	0.059

注：括号上方数字为标准化后的回归系数，括号内数字为回归系数的 T 值，*、**、*** 分别表示参数估计值在 10%、5%、1% 的水平下显著（双尾检验）。

性水平为 1%；模型 4 中是否高管制水平的回归系数为 0.024，T 值为 2.052，显著性水平为 5%。不论是采用管控指数作为解释变量，还是以是否为高水平管控的虚拟变量作为解释变量，它们与债务融资规模都呈显著的正相关关系。该结果表明，企业研发管控水平越有效，企业的经营风险越小，对金融机构借款的本金和利息支付越有保障，债权人感知到了更多的保护信号，对企业的盈利能力、偿债能力、现金流量等会计信息充分了解，给予了更大规模的信用贷款，并且贷款时可以给予比较优惠的利率，从而使企业的债务融资成本降低，本书的假设 1 得到验证。

其他控制变量方面，公司规模的回归系数为负并呈现显著性，这是因为规模大的企业一般实力较强，债务违约的概率较低，所以债务融资成本相应较低。第一大股东持股比例越高，债务融资成本越低，表明金融机构比较信任股权集中的企业，这些大股东往往能够提供有效的抵押、质押或担保措施。其他控制变量中，上市年龄、现金充裕度、盈利能力、增长能力、抵押能力、产权性质等与债务融资成本的回归符号符合经验预期，但关系均未通过显著性检验或不稳定，这可能与样本选择的是高科技企业有关，金融机构向这些企业提供贷款时，企业具体的财务指标高低对其决策影响有限。

表 9-5　回归结果表（二）

变量	模型 1	模型 2
IC1	0.043*** (2.919)	
IC2		0.034*** (2.353)
Size	0.073*** (4.201)	0.076*** (4.418)
LEV	1.043*** (45.844)	1.041*** (45.490)
Turn	-0.009 (-0.634)	-0.010 (-0.712)
Bank	-0.823*** (-35.691)	-0.823*** (-35.572)
ROA	-0.235*** (-13.526)	-0.232*** (-13.408)
Growth	0.080*** (5.735)	0.080*** (5.767)
Capital	-0.065*** (-3.751)	-0.065*** (-3.750)

续表

变量	模型 1	模型 2
CFO	−0.025 (−1.467)	−0.025 (−1.443)
State	0.008 (0.574)	0.007 (0.503)
Share	0.022 (1.597)	0.025* (1.870)
MPOS	0.077*** (3.332)	0.085*** (3.690)
Market	0.066*** (4.732)	0.064*** (4.548)
Year	控制	控制
INDUST	控制	控制
N	1650	1650
F	171.406	170.966
Adj – R²	0.737	0.736

注：括号上方数字为标准化后的回归系数，括号内数字为回归系数的 T 值，＊、＊＊、＊＊＊分别表示参数估计值在 10%、5%、1% 的水平下显著（双尾检验）。

表 9-5 报告了对商业信用融资进行多元线性回归分析的结果。模型 1 以研发管控指数作为解释变量，模型 2 以管控指数高低的哑变量作为解释变量。从表 9-5 可以看出，模型 1 中研发管控指数的回归系数为 0.043，T 值为 2.919；模型 2 中高管控水平哑变量的回归系数为 0.034，T 值为 2.353。不论是采用管控指数作为解释变量，还是以是否高管理控制水平作为解释变量，它们与商业信用融资水平都呈显著的正相关关系，显著性水平为 1%。该结果表明，研发管控水平较高的高科技企业也能够获得更多的商业信用融资，假设 2 得到验证。

其他控制变量方面，存货周转率的回归系数显著性水平均较低，这可能与高科技企业存货管理千差万别、不规范有关。此外，实际控制人为国有的高科技企业，国有持股比例一般较低，企业经营灵活，与其他民营高科技企业经营环境类似，所以是否为国有的回归系数也不显著。其他控制变量中企业规模、财务杠杆、企业成长能力、市场地位、注册地市场化指数等均与商业信用融资水平呈显著正相关关系，而贷款规模、抵押能力、盈利能力等与商业信用融资水平呈显著负相关关系，回归估计值整体上符合经验预期。

·153·

表 9 - 6　回归结果表（三）

变量	模型 1	模型 2
RDMC1	0. 264 ***	
	(3. 386)	
RDMC2		0. 209 ***
		(4. 852)
Size	1. 066 ***	1. 081 ***
	(2. 726)	(3. 114)
LEV	0. 950 ***	1. 186 ***
	(31. 724)	(29. 963)
Turn	0. 046	− 0. 059
	(0. 306)	(− 0. 398)
State	0. 108	0. 136
	(0. 582)	(1. 541)
Share	0. 022	− 0. 018
	(1. 616)	(− 0. 798)
MPOS	1. 077 ***	1. 036 **
	(3. 321)	(2. 965)
Market	1. 066 ***	1. 082 ***
	(4. 717)	(3. 565)
Year	控制	控制
INDUST	控制	控制
N	1650	1650
F	171. 406	170. 966
Adj – R²	0. 737	0. 736

注：括号上方数字为标准化后的回归系数，括号内数字为回归系数的 T 值，＊、＊＊、＊＊＊分别表示参数估计值在 10%、5%、1% 的水平下显著（双尾检验）。

　　表 9 - 6 报告了研发管控水平对企业研发综合绩效进行多元线性回归分析的结果。模型 1 以研发管控指数作为解释变量，模型 2 以管控指数高低的哑变量作为解释变量。从表 9 - 5 可以看出，模型 1 中研发管控指数的回归系数为 0. 264，T 值为 3. 386；模型 2 中高管控水平哑变量的回归系数为 0. 209，T 值为 4. 852。不论是采用管控指数作为解释变量，还是以是否高管理控制水平作为解释变量，它们与研发综合绩效都呈显著的正相关关系，显著性水平为 1%。该结果表明，

研发管控水平较高的高科技企业获得了更加良好的研发绩效，假设 3 得到验证。

四、稳健性检验

为了使本书的研究结论更加可信，进行了以下稳健性检验：①利息支出可能只是债务融资成本的一部分，企业融资时还会发生手续费等其他成本，所以用净财务费用占有息借款的比率指标来衡量企业债务融资成本；②以企业当年期末的应付账款、应付票据和预收账款之和再减去预付账款的净商业信用融资量衡量商业信用融资规模的大小；③增加或减少检验模型中的其他控制变量。上述稳健性检验结果均支持本书以上的研究结论。

第四节　实证研究小结

本章实证检验了加强高科技企业研发资金管控机制的经济后果，通过实证数据的检验结果表明，高科技企业如果构建了良好的研发资金管理控制机制，则其控制研发和经营风险的能力越好，企业财务信息的质量得到保证，坚定了外部投资者对其研发成功的信息，有助于企业从金融机构、供应商等债权人那里获得成本较低的债务融资。并且由于研发管控体系的建立，保证了研发资金合理的分配和使用，及时中止净现值为负的研发项目，为企业带来了良好的经济效益、社会效益和技术成功，从而促进了高科技企业研发综合绩效的提升。高科技企业应强化研发内部控制管理，建立良好、规范、健康的研发管理控制制度和运行机制，使用各种先进科学的预算控制手法，防止 R&D 投资失控，以获得更加充分的信用资金支持，投入更多的研发力量，形成良性循环，有效提高研发的综合绩效，实现高科技企业持续发展壮大的目标。

第十章　结论和展望

第一节　研究结论

我国很多高科技企业从事研发活动，尽管取得了不少成绩和进步，但是相当一部分企业进行的 R&D 活动并没有给企业带来实实在在的经济利益。本书通过实地调研和分析认为，其主要原因是 R&D 资金管控松懈，无科学规范的管控机制。主要表现在企业融资渠道单一，获得研发资金来源比较困难，只要有机会获得资金，就不计成本进行融资，融资方式和 R&D 项目在资金使用期限、稳定性及风险程度等方面的结合不够紧密，导致融资效率欠佳、资金使用成本偏高。投入资金时缺乏对资金的有效分配与控制，研发过程中资金的规划和使用带有短期性及随意性，仍然把研发活动作为生产经营的辅助活动而不是企业价值创造中的基本活动。不对研发资金的使用效果进行绩效管理，使研发人员的自主性与积极性不足，研发效率低下。特别是在研发资金的使用控制方面，许多企业不重视甚至不做预算管控，随意上马研发项目，研发资金在不同研发项目、研发阶段分配模式不合理，在研发实施过程中缺乏任何实质性的阶段性管理，不能及时中止无效研发项目，研发资金的使用缺乏有效的核算和监控，导致 R&D 投入失控，项目失败。

研发过程中的资金活动需要进行一系列有效的筹集、配置、监督、绩效评价等管理控制活动，以促进研发项目成功的概率，提升企业的研发绩效，保持高科技企业的可持续健康发展。本书基于研发生命周期和价值链的视角，对研发活动的资金管理控制进行了全面的分析研究，认为可以通过以下途径和方法构建科学合理的研发资金管控体系。

（1）构建研发资金融资管控制度，不同生命周期、不同研发类型、不同的研发阶段选择合适的融资策略。高科技企业应加强企业信用体系建设，吸引金融机构与风投机构青睐，加强融资的可行性研究，讲求资金使用的经济效益，债务期限与资产期限相匹配，确定合理融资结构，建立融资预测、监控与评价制度，以规范企业研发过程中的融资行为，合理安排资金，降低资金成本，减少融资风险。根据高科技企业所处种子期、成长期、成熟期、衰退期等不同生命周期，判断研发活动属于改进型研发还是创新性研发，以及研发项目所处的基础研究阶段、试验研究阶段、开发研究阶段，选择适合自己的融资策略和融资方式。

（2）与价值链相结合的研发资金预算控制。研发是企业价值活动的起点，将价值链思想引入研发预算，从横向价值链、纵向价值链和内部价值链三个不同视角，构建时间与空间结合的战略导向，以价值增值为驱动，以价值链分析为起点，以研发价值活动的识别和优化为核心，以信息技术为支撑的动态预算。以对多维价值链的分析为核心，通过纵向、横向价值链的分析，使企业在价值链系统中找到最佳的位置，确定企业在市场竞争中实现价值增值的优势环节，并正确判断与供应商、客户价值链的联系，找到符合企业特色的竞争战略和研发战略。

（3）构建研发预算信息平台。任何预算的编制都需要一定的基础信息为依据。通过对研发活动的价值链本质进行分析，认为企业的研发项目是研发机构"生产加工"的产品，研发资金的循环与一般企业的资金循环基本相同，研发项目的资金耗费也应服从一定的规律性。通过成立专门的研究开发机构，对研发资金实施独立管理，对研发活动实行项目管理，改变研发活动会计核算模式，建立研发活动的管理信息系统等手段，构建基于价值链的研发预算基础平台，积累研发活动各项数据信息，特别是与资金耗费有关的财务信息，寻求其分布规律，则进行科学的研发预算编制就有了依据。

（4）已完成研发项目的资源消耗信息对新的研发项目具有经验启示作用，运用案例推理技术，寻求研发资金预算的信息依据，可以对研发活动实施投资决策、资金控制和效果评价等预算管理。基于案例推理的研发预算管理，为研发活动的资金控制提供了一个原理简单、直观生动的技术途径，企业可以从研发项目基本信息的生成入手，建立完备信息的研发案例库，逐步实施和完善基于案例推理的研发预算管理系统。

（5）企业在有限资源下，有多个研发项目可以选择时，基于 AHP - FUZZY 评价的 R&D 项目资金分配方法，兼顾企业战略、平衡和企业价值最大化的整体目标，保证有限资源的合理分配，为企业寻求一条 R&D 项目组合资金分配的有效途径。该方法采用定性和定量分析相结合的方法，并且简单易行，容易为企业管理者所理解和使用，便于在实务中操作运用。

（6）将研发过程中的重大事件或项目进程中的重要标志作为研发进程的门

径，对研发预算实行分阶段的管理。通过对横向、纵向及企业内部价值链分析，以资本预算的形式决定研发项目的投资决策和门径行/止决策，使用期权价值估算、最佳中止比例模型方法决定项目的中止；以资金控制预算的形式，根据每道门径前后所掌握的信息，评审上一阶段的资金投入情况，并编制下一阶段的预算，直至最后的门径。该模式考虑到横向、纵向及企业内部价值链对研发项目价值的影响，并将一次预算改变为门径点的多次预算，克服了预算信息依据不足的问题，能够实现对研发资金的有效预算控制，并把有限的资源合理地分配到价值最大的研发项目和研发环节上。

（7）对研发绩效的评价应该综合关注，构建了从财务绩效、技术绩效、价值绩效和社会绩效四个方面综合评价的研发绩效评价体系，并层次分析及模糊评价相结合的方法对研发主体的研发绩效进行综合评价。

（8）实证检验了加强高科技企业研发资金管控机制的经济后果。通过实证数据的检验，结果表明，高科技企业如果构建了良好的研发资金管理控制机制，则其控制研发和经营风险的能力好，企业财务信息的质量得到保证，坚定了外部投资者对其研发成功的信息，有助于企业从金融机构、供应商等债权人那里获得成本较低的债务融资。并且由于研发管控体系的建立，保证了研发资金合理的分配和使用，及时中止净现值为负的研发项目，为企业带来了良好的经济效益、社会效益和技术成功，从而促进了高科技企业研发综合绩效的提升。

第二节 本书的创新点

研究高科技企业 R&D 资金管控机制，对高科技企业来说是一个新的课题。本书在充分汲取前人研究成果的基础上，进行了大胆的探索和分析，概括起来，本书的主要创新点有：

（1）提出了从研发活动融资、研发资金分配、预算控制、到研发绩效评价一系列完整覆盖研发活动资金运动过程的管理控制机制，构建了高科技企业研发资金管理控制体系理论，丰富了研发管理理论。

（2）将价值链理论与研发预算相结合，构建基于价值链的研发预算基础平台，运用案例推理技术，建立完备信息的研发案例库，逐步实施和完善基于案例推理的研发预算管理系统，寻求研发资金预算的信息依据。将研发过程中的重大事件或项目进程中的重要标志作为研发进程的门径，对研发预算实行分阶段的管理，通过对横向、纵向及企业内部价值链分析，以资本预算的形式决定研发项目的投资决策和门径行/止决策；以资金控制预算的形式，根据每道门径前后所掌握的信息，评审上一阶段的资金投入情况，并编制下一阶段的预算，直至最后的门径。

（3）构建从财务绩效、技术绩效、价值绩效和社会绩效四个方面综合评价的研发绩效评价体系，并通过实证数据的检验表明高科技企业如果构建了良好的研发资金管理控制机制，有助于企业从金融机构、供应商等债权人那里获得成本较低的债务融资，促进了高科技企业研发综合绩效的提升。

第三节 研究不足及展望

高科技企业研发资金的管理控制是一项复杂的系统工程，必须构建科学、系统、合理的体系框架，才能付诸实施指导实践。尽管笔者对高科技企业研发资金管理控制进行了大量的调研及分析，但由于笔者知识水平的限制，还存在很多不完善的地方，主要表现在缺乏与实际案例企业的结合，以及理论构建上的逻辑体系不十分清晰，使用数学方法单一等问题。未来将研发活动的资金管控体系与具体的案例企业深入结合，是完善研发资金管控机制理论与实践的重要途径。

参考文献

［1］陈汉文，周中胜．内部控制质量与企业债务融资成本［J］.南开管理评论，2014（3）：103－111.

［2］陈运森，王玉涛．审计质量、交易成本与商业信用模式［J］.审计研究，2010（6）：77－85.

［3］池国华，刘草，刘也．制造业企业研发预算管理体系的构建［J］.科学决策，2012（1）：15－26.

［4］陈海生．R&D投资特征及企业扩大融资来源的路径研究［J］.现代经济，2006（1）：67－70.

［5］陈海声．高科技中小企业R&D融资途径初探［J］.现代财经，2003（4）：10－17.

［6］陈修德，彭玉莲，吴小节，秦全德．中国企业研发效率动态演进的背后：市场化改革的力量［J］.经济与管理研究，2015，36（1）：40－49.

［7］陈修德，梁彤缨，雷鹏，秦全德．高管薪酬激励对企业研发效率的影响效应研究［J］.科研管理，2015，36（9）：26－35.

［8］陈劲．R&D项目管理［M］.北京：机械工业出版社，2004.

［9］戴锡，骆品亮．一种关于R&D预算在项目组之间的优化配置方法［J］.复旦学报（自然科学版），2001（2）：157－161.

［10］邓进．中国高新技术产业R&D资本存量、知识生产函数与研发产出效率［D］.浙江财经学院产业经济学硕士学位论文，2008.

［11］杜义飞．基于价值创造与价值分配的产业价值链研究［D］.成都电子科技大学博士学位论文，2005.

［12］董望，陈汉文．内部控制、应计质量与盈余反映［J］.审计研究，2011（4）：68－78.

［13］董斐．基于财务视角的研发项目中止决策研究［D］.中南大学硕士学位论文，2008.

［14］冯延超．中小企业内部控制、审计质量与商业信用融资［J］.中国注册会计师，2015（1）：72 – 78.

［15］冯延超，梁莱歆．基于价值链的门径式研发预算管理［J］.科学学与科学技术管理，2010，31（9）：34 – 38.

［16］冯延超．自主创新绩效评价指标体系研究［J］.会计师，2013（18）：22 – 24.

［17］方炜，欧立雄．多项目环境下新产品研发项目资源分配问题研究［J］.管理工程学报（增刊），2005：6 – 10.

［18］龚锦红．案例推理技术的研究与应用［J］.科技广场，2007（3）：61 – 63.

［19］耿庆峰．基于AHP及模糊评价组合的供应链伙伴选择研究［J］.价值工程，2005（10）：38 – 42.

［20］顾群，翟淑萍．融资约束、研发投资与资金来源．［J］.科学学与科学技术管理，2014，35（3）：15 – 22.

［21］高明华，杜雯翠．外部监管、内部控制与企业经营风险——来自中国上市公司的经验证据［J］.南方经济，2013（12）：63 – 72.

［22］官小春．高科技企业研发超越预算管理研究［D］.中南大学博士学位论文，2010.

［23］郭银文．高技术企业研发控制模式选择研究［D］.湖南大学硕士学位论文，2005.

［24］黄训江，侯光明．敏捷制造环境下的企业研发组织管理模式研究［J］.科学学与科学技术管理，2004（2）：45 – 56.

［25］黄予云．基于ABB原理的研发预算管理模式研究［D］.中南大学硕士学位论文，2008.

［26］黄娟，冯建．上市公司财务控制综合模糊评价［J］.财经科学，2007（8）：59 – 64.

［27］何玉，张天西．信息披露、信息不对称和资本成本：研究综述［J］.会计研究，2006（6）：80 – 86.

［28］金永红，奚玉琴，张立．风险投资与中小高科技企业R&D融资研究［J］.上海企业，2006（7）：24 – 28.

［29］纪延光，韩之俊．企业研发项目的质量成本管理［J］.工业技术经济，2004（6）：129 – 131.

［30］李晓辉，刘妍秀．基于实例推理机制（CBR）综述［J］.长春大学学报，2006（8）：68 – 70.

［31］李平，顾新一. R&D 项目进度费用风险优化的研究 ［J］. 管理工程学报，2006（2）：37 - 41.

［32］李泉年，丁慧平. 面向对象的动态预算管理模式 ［J］. 经济经纬，2007（1）：86 - 89.

［33］李小玲. 基于价值链的企业集团研发预算模式研究 ［D］. 中南大学硕士学位论文，2008

［34］李志军，王善平. 货币政策、信息披露质量与公司债务融资 ［J］. 会计研究，2011（10）：56 - 62.

［35］梁莱歆，冯延超；基于案例推理的 R&D 预算管理研究 ［J］. 科技进步与对策，2010（23）：23 - 27.

［36］梁莱歆，熊艳. 基于研发项目生命周期的成本管理模式研究 ［J］. 科研管理，2010，31（1）：170 - 173.

［37］梁莱歆，关勇军. 动态多维研发预算管理模式探索 ［J］. 中国科技论坛，2010（5）：96 - 101.

［38］梁莱歆. 企业研发预算模式的改革出路——基于 ABB 的探讨 ［J］. 上海立信会计学院学报，2009（1）：21 - 25.

［39］梁莱歆. 企业研发预算管理：现状·问题·出路 ［J］. 会计研究，2007（10）：67 - 72.

［40］梁莱歆. 论基于价值链的研发预算管理 ［J］. 中南财经政法大学学报，2009，174（3）：95 - 101.

［41］梁莱歆，张永榜. 我国高新技术企业 R&D 投入与绩效现状调查分析 ［J］. 研究与发展管理，2006（2）：53 - 60.

［42］梁莱歆，张焕凤. 高科技上市公司 R&D 投入绩效的实证研究 ［J］. 中南大学学报（社会科学版），2005，11（2）：232 - 236.

［43］刘宝财. 内部控制、产权性质与商业信用 ［J］. 南京审计学院学报，2014（3）：58 - 67.

［44］刘艳宏. 金融环境、审计意见与民营上市公司债务融资成本 ［J］. 财会通讯，2014（1）：28 - 31.

［45］刘红宇，乔立红. 基于案例推理的企业项目管理决策支持系统的研究 ［J］. 成组技术与生产现代化，2008（1）：4 - 8.

［46］刘启亮. 高管集权、内部控制与会计信息质量 ［J］. 南开管理评论，2013（1）：15 - 23.

［47］吕玉芹. 中小高科技企业 R&D 融资问题探讨 ［J］. 会计研究，2005（4）：34 - 40.

［48］李晓慧，杨子萱．内部控制质量与债权人保护研究——基于债务契约特征的视角［J］．审计与经济研究，2013（2）：97－105.

［49］卢馨，郑阳飞，李建明．融资约束对企业 R&D 投资的影响研究——来自中国高新技术上市公司的经验证据［J］．会计研究，2013（5）：51－58.

［50］孟志华．高科技企业 R&D 融资模式研究［D］．中南大学硕士学位论文，2007.

［51］迈克尔·波特．竞争优势［M］．北京：中国财政经济出版社，1988.

［52］马如飞．基于价值链的动态研发战略投资研究［D］．中南大学博士学位论文，2009.

［53］蒲欣，李纪珍．西方公司研发项目管理流程在中国的适应性研究［J］．科学学与科学技术管理，2008（8）：29－35.

［54］孙茂竹．管理会计的理论思考与框架［M］．北京：中国人民大学出版社，2002.

［55］孙刚．税务稽查、公司避税与债务融资成本［J］．山西财经大学学报，2013（3）：78－89.

［56］孙升波．新产品研发的成本控制［D］．首都经济贸易大学硕士学位论文，2007.

［57］孙茂竹．管理会计理论的思考与架构［M］．北京：中国人民大学出版社，2002.

［58］尚宏阳．企业动态 R&D 预算管理模式研究［D］．中南大学硕士学位论文，2008.

［59］石晓军，张顺明，李杰．商业信用对信贷政策的抵消是反周期的吗？［J］．经济学．2009（1）：213－236.

［60］魏志华，王贞洁，吴育辉，李常青．金融生态环境、审计意见与债务融资成本［J］．审计研究，2012（3）：98－105.

［61］吴清烈，冯勤超．基于案例推理技术在企业并购决策中的应用［J］．中国管理科学，2002（10）：368－371.

［62］吴博．高科技企业资本结构及其优化研究——基于中国上市公司的分析［D］．四川大学博士学位论文，2006.

［63］武立玮，刘子先．基于产品成本预测的企业联合 R&D 成本控制研究［J］．科技管理研究，2006（5）：27－31.

［64］魏志华，王贞洁，吴育辉，李常青．金融生态环境、审计意见与债务融资成本［J］．审计研究，2012（3）：98－105.

［65］王正兵．企业 R&D 财务控制问题研究［D］．中南大学硕士学位论

文，2005.

[66] 王宇峰. 基于企业战略的 R&D 项目组合资源分配研究 [J]. 现代管理科学，2008（7）：45 – 47.

[67] 王宇峰，梁莱歆. 基于价值链的 R&D 预算资本分配模式研究 [J]. 科学学与科学技术管理，2008（10）：5 – 9.

[68] 小林健吾. 企业预算管理 [M]. 陈文光等译，台北：顺达出版社，1989.

[69] 肖静，程如烟，姜桂兴. 基于超效率 DEA 方法的研发效率国际比较研究 [J]. 情报杂志，2009，28（6）：89 – 92.

[70] 谢伟，胡玮，夏绍模. 中国高新技术产业研发效率及其影响因素分析 [J]. 科学学与科学技术管理，2008（3）：144 – 149.

[71] 徐路宁，张和明. 产品设计阶段成本控制的相关对策 [J]. 工业技术经济，2005（3）：34 – 38.

[72] 尹美群. 价值链与价值评估 [M]. 北京：中国人民大学出版社，2008.

[73] 亚德里安·J. 斯莱沃斯基. 发现利润区 [M]. 凌晓东译. 北京：中信出版社，2000.

[74] 姚正海. 高技术企业业绩评价问题研究 [M]. 成都：西南财经大学出版社，2007.

[75] 姚瑞，张嘉航. 审计独立性、会计信息与市场反应 [J]. 税务与经济，2010（6）：48 – 51.

[76] 于海生. 内部控制质量、信用模式与企业价值 [J]. 财经理论与实践，2011（5）：44 – 50.

[77] 于海云. 内部控制质量、信用模式与企业价值——基于深市 A 股上市公司的实证分析 [J]. 财经理论与实践，2011（3）：44 – 50.

[78] 于富生，张敏. 论价值链会计管理框架 [J]. 会计研究，2007（7）：19 – 20.

[79] 阎达五. 价值链会计研究：回顾与展望 [J]. 会计研究，2004（2）：3 – 7.

[80] 杨继伟，冯延超. 基于 AHP – FUZZY 评价的 R&D 项目资金分配研究 [J]. 科技进步与对策，2011（21）：56 – 61.

[81] 应千伟，蒋天骄. 市场竞争力、国有股权与商业信用融资 [J]. 山西财经大学学报，2012（9）：67 – 89.

[82] 元利兴，宣国良，黄卫国. 跨国公司 R&D 组织模式及其特征研究 [J]. 商业研究，2003（4）：21 – 23.

[83] 郑军，林钟高，彭琳. 货币政策、内部控制质量与债务融资成本 [J].

当代财经，2013（9）：118－129.

　　［84］郑军，林钟高，彭琳．高质量的内部控制能增加商业信用融资吗？［J］.会计研究，2013（6）：62－96.

　　［85］王斌，竺素娥．论资本预算管理体系的构建［J］.会计研究，2002（5）：24－29.

　　［86］王新红，郝海蕾．我国"十一五"工业企业研发效率评价［J］.经济管理，2013，35（4）：51－60.

　　［87］周丽芳．作业管理在企业研发阶段的应用［J］.商场现代化，2005（17）：14.

　　［88］赵湘莲．高新技术企业R&D财务管理研究［D］.南京理工大学博士学位论文，2004.

　　［89］赵文红，许圆．企业研发活动的影响因素及失败原因分析［J］.科技进步与对策，2011，28（4）：70－74.

　　［90］张杰，芦哲，郑文平，陈志远．融资约束、融资渠道与企业R&D投入［J］.2012，35（10）：66－90.

　　［91］张原康，韩经纶．企业对研发（R&D）团队的管理与控制［J］.商场现代化，2004（11）：45－51.

　　［92］张瑞君，殷建红．基于价值链的动态预算管理研究［J］.经济理论与经济管理，2006（1）：66－70.

　　［93］张勇．信任、审计意见与商业信用融资［J］.审计研究，2013（5）：72－79.

　　［94］张继焦．价值链管理［M］.北京：中国物价出版社，2001.

　　［95］张孟才，楚金华．虚拟价值链理论刍议［J］.沈阳农业大学学报，2004（6）：355－357.

　　［96］张琳．资源分配的多目标模糊优选动态规划分析法［J］.运筹与管理，2000（12）：22－28.

　　［97］朱文峰，方卫国，尤政．卫星研制的两层资源分配模型［J］.清华大学学报（自然科学版），2003（12）：1635－1637.

　　［98］朱勇，张增利．模糊评估在科研经费分配决策中的应用［C］.中国系统工程学会决策科学专业委员会第六届学术年会论文集，2005.

　　［99］朱冬元，宋化民．技术创新概念分析与绩效评价初探［J］.软科学，1996（4）：55－57.

　　［100］朱星文．论企业信用风险及其控制［J］.江西财经大学学报，2012（6）：27－33.

［101］朱庚春，徐策中，侯玲．技术创新理论与技术创新绩效［J］．经济纵横，1997（4）：23 – 29.

［102］朱有为，徐康宁．中国高技术产业研发效率的实证研究［J］．中国工业经济，2006（11）：38 – 45.

［103］Anderson R. C. , S. A. Mansi and D. M. Reeb. Board Characteristics Accounting Report Integrity and the Cost of Debt［J］. Journal of Accounting and Economics, 2004, 37（3）：315 – 342.

［104］Abernethy M. A. , Brownell P. Management Control Systems in Research and Development Organizations：The Role of Accounting, Behavior and Personnel Controls［J］. Accounting Orgaizations and Society, 1997, 12（22）：233 – 248.

［105］Adler P. S. , Borys B. Two Types of Bureaucracy：Enabling and Coercive［J］. Administrative Science Quarterly, 1996（1）：61 – 89.

［106］Alan S. Dunk, Alan Kilgore. Top Management Involvement in R&D Budget Setting：The Importance of Finan – cial Factors, Budget Targets, and R&D Performance Evaluation［J］. Advances in Management Accounting, 2003（11）：123 – 138.

［107］Bovel David, Martha Joseph. From Supply Chain to Value Net［J］, Journal of Business Strategy, 2000, 21（4）：24 – 25.

［108］Burkart M. and T. Ellingsen. In kind Finance：A Theory of Trade Credit［J］. American Economic Review, 2004, 94（3）：569 – 590.

［109］Carter Bloch. R&D Investment and Internal Finance：The Cash Flow Effect［J］. Economics of Innovation & New Technology, 2005, 14（3）：213 – 223.

［110］Cull R. , LC Xu. Institutions, Ownership and Finance：The Determinants of Profit Reinvestment among Chinese Firms［J］. Journal of Financial Economics, 2005（77）：117 – 146.

［111］Cooper, Robert G. Portfolio Management in New Product Development：Lessons From the Leaders［J］. Research Technology Management, 1997(9)：40 – 50.

［112］Cooper, Robert G. Best Practices for Managing R&D Portfolios［J］. Research Technology Management, 1998（7）：41 – 53.

［113］Cooper, Robert G. , Kleinschmidt, Elko J. Stage Gate Systems for New Product Success［J］. Marketing Management, 1993, 1（4）：20 – 29.

［114］DeAngelo L. Auditor Size and Audit Quality［J］. Journal of Accounting and Economics, 1981, 3（3）：183 – 199.

［115］Douglas W. Diamond. Reputation Aequisition in Debt［J］. Journal of Political Economy. 1989, 97（4）：82 – 88.

[116] Ellis W. Lynn, Curtis C. Carey. Speedy R&D: How Beneficial ? [J]. Researeh, Technology Management, 1995, 38 (4): 42 – 51.

[117] Elyasiani E., Jane and C. X. Mao. Institutional Ownership Stability and the Cost of Debt [J]. Journal of Financial Markets, 2010 (13): 475 – 500.

[118] Francis J, KrishnanJ. Accounting Accruals and Auditor Reporting Conservatism [J]. Contemporary Accounting Research, 1999 (Spring): 135 – 165.

[119] Hall B. H. and Mairesse J. Exploring the Relationship between R&D and Productivity in French Manufacturing Firms [J]. Journal of Econometrics, 1995, 65 (263): 2931 – 2940.

[120] Hui K. W., S. Klasa and E. Yeung. Corporate Suppliers and Customers and Accounting Conservatism [J]. Journal of Accounting Economics, 2012, 53 (12): 115 – 135.

[121] Huang Haizhou, Xu Chenggang. Soft Budget Constraint and the Optimal Choice of Reseach and Development Project Financing [J]. Journal of Comparative Economics, 1998 (26): 62 – 79.

[122] Jeffrey F. Rayport, John J. Sviokla. Exploiting the Virtual Value Chain [J]. Harvard Business Review, 1995 (1): 75 – 99.

[123] John Shank, Vijay Govindarajan. Strategic Cost Management [M]. New York: The Free Press, 1993.

[124] Jeffrey F. Rayport, John J. Sviokla. Exploiting the Virtual Value Chain [J]. Harvard Business Review, 1995 (Sep – Dec): 75 – 99.

[125] Kenneth J. Arrow. The Economic Implications of Learning by Doing [J]. The Review of Economic Studies, 1962, 29 (3): 155 – 173.

[126] Lakshmi Shy Sander, Stewart C. Myers. Testing Statie Trade – off Against Peeking order Models of Capital Strueture [C]. Working PaPer, National Bureau of Eeonomic Researeh, 1994 (3): 90 – 101.

[127] Lambert R., Leuz C., Verrecchia R. Accounting Information, Disclosure, and the Cost of Capital [J]. Journal of Accounting Research, 2007 (45): 385 – 420.

[128] Mcmillan J., C. Woodluff. Interfirm Relationships and Informal Credit in Vietnam [J]. The Quarterly Journal of Economics, 1999, 114 (4): 1285 – 1320.

[129] OECD. Seience, Teehnology and Industry Scoreboard, Beneh marking Knowledge – based Economies, 1999.

[130] Prakar Kathanda Raman, Divid T. Wilson. The Future of Competition – Value – Creating Networks [J]. Industrial Marketing Management, 2001 (30):379 – 389.

[131] Petersen M. , R. Rajan. Trade Credit: Theories and Evidence [J]. Review of Financial Studies, 1997 (10): 661 – 691.

[132] P. A. Roussell, K. N. Saad and T. J. Erickson, Third Generation R&D: Managing the Link to Corporate Strategy [M]. Harvard Business School Press, 1991.

[133] Wilian E. Sorder Budgeting for R&D: A Case for Managememt Science Methods [J]. Business Horizons, 1970 (7): 31 – 38.

[134] Pittman J. A. and S. Fortin Auditor Choice and the Cost of Debt Capital for Newly Public Firms [J]. Journal of Accounting and Economics, 2004 (1): 113 – 136.

[135] Rothwell R. Factors for Success in Industrial Innovations. From Project SAPPHO—Acomparative Study of Success an Failure in Industrial Innovation [M]. Brighton, Sussex: S. P. R. U, 1972.

[136] Raphael Domer. Incremental Development of CBR Strategies for Computing Project Cost Probabilities [J]. Advanced Engineering Informatics, 2007 (21): 311 – 321.

[137] R. H. Coase. The Nature of the Firm [J]. Economica, 1937, 4 (16): 386 – 405.

[138] R. H. Coase. The Problem of Social Cost [J]. Journal of Law and Economics, 1960 (3): 1 – 44.

[139] Robert G. Cooper, Scott J. Edget. Portfolio Management in New Product Development: Lessons from the Leaders [J]. Research Technology Management, 1997 (10): 68 – 71.

[140] Rockness H. O. , Shields M. D. Organizational Control Systems in Research and Development [J]. Accounting, Organizations and Society, 1984 (9): 165 – 177.

[141] R. Kolisch, K. Meyer, R. Mohr. Maximizing R&D Portfolio Value [J]. Research Technology Management, 2005, 48 (48): 33 – 39.

[142] Say, Alan R. Fusfeld and Trueman D. Parish. Is your Firm's Tech Portfolio Aligned with its Business Strategy [J]. Research Technology Management, 2003 (1): 32 – 38.

[143] Shawn D. Cartwright, Richard W. Oliver. Untangling the Value Web [J]. Journal of Business Strategy, 2000 (2): 22 – 27.

[144] Stephen C. Hansen, David T. Otley, etc. Practice Developments in Budgeting: An Overview and Research Perspective [J]. Journal of Management Accounting Research, 2003 (5): 95 – 113.

[145] Wilian E. Sorder Budgeting for R&D: A Case for Managememt Science Methods [J]. Business Horizons, 1970 (7): 31 – 38.

后　记

　　本书是在我博士期间跟随导师课题组研究的基础上经修改完善、后续研究而成。本书得到了河南财经政法大学专著出版计划的资助，会计学院领导给予了热情的鼓励和支持，经济管理出版社在本书出版过程中付出了努力，在此一并郑重致谢。

　　在此深深地怀念中南大学商学院博士生导师梁莱歆教授，当年慕名报考她的博士时，我与梁老师素不相识，仅通过电子邮件交流，直到面试时我才见到了和蔼可亲的老师。恩师对学生的公正、对名利的淡然，使我如愿成为她的门下弟子。从我发表的第一篇论文到学位论文的选题、结构安排及成文，都离不开她的指导和帮助，她经常为我修正行文不畅的语句。特别是她在病重期间，仍然审阅了我的博士论文初稿，提出了非常有价值的建议。然而敬爱的梁老师在我博士即将毕业时却永远离开了我们！但恩师的音容宛在，风范永存，她的教诲我将终生铭记！

　　梁老师申请了关于研发资金控制方面的自然科学基金课题，在她的指导和帮助下，我对研发资金的管控有了初步的认识，撰写并发表了一系列的论文，后来博士毕业从教后进行了一些后续的研究。许多同门兄弟姐妹参与了课题研究，本书参考并引用了同门兄弟姐妹的一些研究成果，在此特别感谢他们，感谢马如飞、何涌、官小春、董斐、熊艳、田元飞、孟志华、王艳、王宇峰、陈懿云等同门的支持、帮助和鼓励！

　　特别需要感谢我的家人，感谢他们这么多年来的理解、支持和付出的辛劳，使我能够顺利完成学业！

　　由于本人学识水平有限，本书的理论和表述还存在相当多的疏漏与不足，敬请专家和读者包涵并多提宝贵意见。